EERSTE EDITIE - Gepubliceerd in 2022

Extra grafisch materiaal van: www.freepik.com
Dank aan: Alekksall, Starline, Pch.vector, Rawpixel.com,
Vectorpocket, Dgim-studio, Upklyak, Macrovector,
Stockgiu, Pikisuperstar & Freepik.com Designers

Ontdek gratis online spelletjes

Hier verkrijgbaar:

BestActivityBooks.com/FREEGAMES

5 TIPS OM TE BEGINNEN!

1) HOE OP TE LOSSEN

De Puzzels zijn in een Klassiek Formaat:

- Woorden worden verborgen zonder pauzes (geen spaties, streepjes, ...)
- Oriëntatie: Voorwaarts & Achterwaarts, Boven & Beneden of in Diagonaal (kan in beide richtingen)
- Woorden kunnen elkaar overlappen of kruisen

2) ACTIEF LEREN

Naast elk woord is een spatie voorzien om de vertaling te noteren. Om actief te leren vindt u een **WOORDENBOEK** aan het einde van deze editie om uw kennis te controleren en uit te breiden. U kunt elke vertaling opzoeken en opschrijven, de woorden in de puzzel vinden en ze vervolgens aan uw woordenschat toevoegen!

3) TAG JE WOORDEN

Hebt u al geprobeerd een labelsysteem te gebruiken? U zou bijvoorbeeld de woorden die moeilijk te vinden waren kunnen markeren met een kruis, de woorden die u leuk vond met een ster, nieuwe woorden met een driehoek, zeldzame woorden met een ruit enzovoort...

4) ORGANISEER UW LEREN

Wij bieden ook een handig **NOTITIEBOEKJE** aan het eind van deze uitgave. Of u nu op vakantie, op reis of thuis bent, u kunt uw nieuwe kennis gemakkelijk ordenen zonder dat u een tweede notitieboek nodig hebt!

5) AFGESLOTEN?

Ga naar de bonussectie: **FINAAL UITDAGING** om een gratis spel te vinden dat aan het einde van deze editie wordt aangeboden!

Wil je meer leuke en leerzame activiteiten? Het is Snel en Eenvoudig!
Een hele collectie spelboeken slechts **één klik verwijderd!**

Vind uw volgende uitdaging bij:

BestActivityBooks.com/MijnVolgendeBoek

Klaar... Start!

Wist u dat er zo'n 7000 verschillende talen in de wereld zijn? Woorden zijn kostbaar.

We houden van talen en hebben hard gewerkt om de boeken van de hoogste kwaliteit voor u te maken. Onze ingrediënten?

Een selectie van onmisbare leerthema's, drie grote plakken plezier, dan voegen we er een lepel moeilijke woorden en een snuifje zeldzame woorden aan toe. We serveren ze met zorg en een maximum aan verrukking, zodat je de beste woordspelletjes kunt oplossen en veel plezier beleeft aan het leren!

Uw feedback is essentieel. U kunt een actieve bijdrage leveren aan het succes van dit boek door een recensie achter te laten. Vertel ons wat u het meest beviel in deze editie!

Hier is een korte link die u naar uw bestelpagina brengt:

BestBooksActivity.com/Recensies50

Bedankt voor uw hulp en veel plezier met het spel!

Linguas Classics

1 - Metingen

```
P D T Z C B Z S O O L Z Q D
M İ E C U D A O N D A L I K
E N N R D H Ğ Y S S U İ G İ
T Ç K T I V I R T A Z T E L
R L İ O L N R H L N U R N O
E L L N H B L U D T N E I M
Z K O S T T I I A İ L U Ş E
B I G N Y F K F K M U N L T
N T R E Z O P L İ E K B I R
C L A D H S Y D K T C C K E
A E M A A Z J H A R I V E E
L Y S H C Y Ü K S E K L I K
P J Y R I H G R A M U Y U M
O F N A M G Q K Y B F Y S U
```

GENIŞLIK
BAYT
SANTİMETRE
ONDALIK
DERINLIK
AĞIRLIK
GRAM
YÜKSEKLIK
İNÇ
KİLOGRAM

KİLOMETRE
UZUNLUK
LİTRE
KITLE
METRE
DAKİKA
ONS
PİNT
TON
HACIM

2 - Keuken

```
Ç  L  Q  G  D  O  N  D  U  R  U  C  U  Z
B  A  V  I  Z  G  A  R  A  F  I  R  I  N
Y  T  T  D  U  S  J  P  Y  Q  B  E  B  Z
B  E  P  A  P  P  A  M  V  V  A  P  U  K
A  A  M  P  L  S  Ü  R  A  H  I  B  Z  E
H  K  R  E  D  L  Ö  N  L  Ü  K  I  D  G
A  E  O  D  K  N  A  S  T  V  A  Ç  O  F
R  H  Q  T  A  H  R  R  C  K  Ş  A  L  S
A  V  T  A  V  K  T  A  S  A  I  K  A  F
T  M  Y  G  A  E  Z  K  Ü  Z  K  N  B  S
Y  Q  B  D  N  P  Z  J  N  A  I  Z  I  K
K  O  B  E  O  Ç  T  U  G  N  L  D  Y  J
L  H  R  U  Z  E  V  P  E  Ç  E  T  E  J
P  S  Z  E  A  S  I  A  R  A  C  E  M  M
```

BARDAK	KEPÇE
YEMEK	KAVANOZ
IZGARA	ÖNLÜK
KAZAN	PEÇETE
BUZDOLABI	BAHARAT
TAS	SÜNGER
SÜRAHI	GIDA
KAŞIK	ÇATALLAR
BIÇAK	DONDURUCU
FIRIN	

3 - Boten

```
T  E  Q  E  H  P  C  Q  D  S  A  O  Q  M
B  L  A  N  D  R  B  L  O  E  F  B  T  Ü
Q  U  O  T  B  E  M  J  B  O  N  R  I  R
H  N  Ş  A  M  A  N  D  I  R  A  I  U  E
J  D  D  O  K  Q  Q  İ  M  O  D  Z  Z  T
F  E  R  İ  B  O  T  D  Z  N  E  N  K  T
C  N  U  E  K  O  H  M  O  C  N  D  V  E
D  İ  R  E  K  A  U  D  K  T  İ  A  A  B
D  Z  Ç  A  P  A  N  M  Y  N  Z  L  K  A
S  A  L  G  Ö  L  V  O  A  E  C  G  İ  T
M  H  R  L  Q  I  Q  T  N  H  İ  A  C  K
B  C  L  I  L  R  V  O  U  I  H  L  I  I
B  M  I  S  Z  K  P  R  S  R  Z  A  N  P
Y  A  T  Y  E  L  K  E  N  L  İ  R  P  G
```

ÇAPA	GÖL
MÜRETTEBAT	MOTOR
ŞAMANDIRA	DENİZ
DOK	OKYANUS
DALGALAR	NEHIR
YAT	IP
KANO	FERİBOT
DENİZCİLİK	SAL
DİREK	DENIZ
DENİZCİ	YELKENLİ

4 - Chocolade

```
E  Ö  Z  L  E  M  K  A  K  A  O  V  Y  S
G  M  O  E  Y  R  A  K  A  R  A  M  E  L
Z  U  K  Z  Y  Y  L  Y  E  M  E  K  I  T
O  H  I  Z  Z  I  Ç  E  R  I  K  K  H
T  T  F  E  A  Z  T  G  G  Ş  A  O  L  F
I  L  D  T  C  R  E  O  S  M  E  N  N  M
K  Y  P  L  I  E  O  G  Z  A  D  K  F  J
G  P  G  I  T  K  G  M  E  N  S  F  E  D
L  E  Z  Z  E  T  T  Z  A  N  A  A  T  R
A  N  İ  O  K  S  İ  D  A  N  V  C  Y
R  L  K  A  L  O  R  İ  M  A  Z  O  I  M
B  Q  T  T  A  T  L  I  V  U  D  R  P  B
U  V  U  B  Q  J  A  I  T  D  R  I  G  P
K  Q  U  S  O  J  J  F  J  G  E  J  I  R
```

ANTİOKSİDAN	LEZZETLI
AROMA	IÇERIK
ZANAAT	KARAMEL
ACI	KALITE
KAKAO	TOZ
KALORİ	LEZZET
YEMEK	ŞEKER
EGZOTIK	ÖZLEM
FAVORI	TATLI

5 - Tijd

N	S	R	Ş	A	L	E	B	V	D	A	E	G	Y
O	N	Y	I	L	A	M	B	U	G	Ü	N	E	A
I	F	I	M	D	A	K	İ	K	A	Y	N	L	R
V	H	L	D	P	N	O	O	G	F	Ü	R	E	I
T	H	F	I	T	S	H	B	Z	A	Z	H	C	N
S	O	N	R	A	A	B	F	Z	S	Y	S	E	V
F	H	T	Y	H	B	K	Q	J	F	I	B	K	K
F	D	L	U	A	A	I	V	I	L	L	F	M	O
Q	P	Y	O	F	H	E	Y	I	L	L	I	K	L
G	E	C	E	T	S	Q	R	P	M	Q	L	N	N
H	L	C	B	A	A	N	H	K	Ö	Ğ	L	E	D
Y	G	Z	B	B	A	O	A	A	E	M	T	E	N
V	T	Q	I	H	T	R	Z	Y	D	N	K	O	Y
H	Q	S	T	O	K	K	U	G	Ü	N	T	V	Z

GÜN
ON YIL
YÜZYIL
DÜN
YIL
YILLIK
TAKVIM
AY
ÖĞLE
DAKİKA

YARIN
SONRA
GECE
ŞIMDI
SABAH
GELECEK
SAAT
BUGÜN
ERKEN
HAFTA

6 - Meditatie

M	K	D	S	O	J	O	O	P	U	N	M	Z	S
P	E	U	R	A	H	A	R	E	K	E	T	İ	E
A	P	R	B	L	K	T	C	R	V	F	G	H	S
Ç	Z	U	H	B	H	I	Z	S	K	E	Ö	İ	S
I	U	Ş	Y	A	H	B	N	P	F	S	Z	N	I
K	M	F	P	R	M	T	Y	E	S	A	L	S	Z
L	I	Ü	O	I	A	E	J	K	K	L	E	E	L
I	N	H	Z	Ş	K	S	T	T	A	M	M	L	I
K	D	V	P	I	C	K	D	I	B	A	M	R	K
O	N	E	Z	A	K	E	T	F	U	D	O	Ğ	A
G	O	H	P	D	U	Y	G	U	L	A	R	B	Z
M	I	N	N	E	T	T	A	R	L	I	K	A	L
D	Ü	Ş	Ü	N	C	E	L	E	R	O	Y	K	T
Z	R	M	U	T	L	U	L	U	K	B	G	J	F

KABUL
NEFES ALMA
HAREKET
MINNETTARLIK
DUYGULAR
DÜŞÜNCELER
MUTLULUK
AÇIKLIK
DURUŞ
SAKIN

MERHAMET
ZİHİNSEL
MÜZIK
DOĞA
GÖZLEM
PERSPEKTIF
SESSIZLIK
BARIŞ
NEZAKET

7 - Zomer

```
C  U  T  P  D  U  F  N  K  J  P  P  M  J
P  D  I  M  A  I  K  B  E  T  O  H  Ü  K
L  N  S  J  M  O  A  E  U  J  P  L  Z  J
S  A  N  D  A  L  E  T  C  N  C  G  I  Z
B  S  L  R  A  H  A  T  L  A  M  A  K  G
H  O  Y  U  N  L  A  R  E  Q  Z  C  T  I
D  P  Ş  Y  G  B  I  B  V  L  B  N  E  D
D  E  N  I  Z  S  T  Ş  T  U  O  M  H  A
S  E  Y  A  H  A  T  E  T  M  E  K  B  B
S  C  K  T  K  İ  T  A  P  L  A  R  F  I
P  L  A  J  A  R  K  A  D  A  Ş  L  A  R
F  P  P  P  I  T  M  Y  D  B  A  H  Ç  E
I  I  Z  U  L  R  I  H  P  T  R  C  G  L
I  K  U  C  E  V  H  L  S  E  V  İ  N  Ç
```

KİTAPLAR
DALIŞ
AILE
OYUNLAR
EV
MÜZIK
RAHATLAMA
SEYAHAT ETMEK
SANDALET

PLAJ
BAHÇE
TATIL
GIDA
SEVİNÇ
ARKADAŞLAR
BOŞ
DENIZ

8 - Vogels

```
T  L  E  P  Y  F  R  S  G  R  I  R  D  P
R  U  E  D  E  V  E  K  U  Ş  U  Z  B  E
P  M  K  Y  U  M  U  R  T  A  F  Z  I  N
T  A  O  A  L  F  L  A  M  İ  N  G  O  G
A  R  P  R  N  E  Q  T  Ö  N  N  N  K  U
V  T  U  A  G  Q  K  A  R  G  A  B  M  E
U  I  K  Ğ  U  L  V  D  K  K  S  B  N
S  P  V  H  O  A  L  U  E  Y  R  E  S  A
D  A  S  M  P  K  N  K  K  O  F  R  T  J
K  A  Z  Q  Z  B  B  A  L  I  K  Ç  I  L
H  Z  P  G  Ü  V  E  R  C  İ  N  E  T  D
P  E  L  İ  K  A  N  R  S  V  T  Y  N  F
B  N  G  U  G  U  K  B  A  Y  K  U  Ş  K
E  V  S  A  O  R  J  R  U  L  I  G  G  R
```

GÜVERCİN	LEYLEK
ÖRDEK	PAPAĞAN
YUMURTA	TAVUS
FLAMİNGO	PELİKAN
KAZ	PENGUEN
TAVUK	BALIKÇIL
GUGUK	DEVEKUŞU
KARGA	TUKAN
MARTI	BAYKUŞ
SERÇE	KUĞU

9 - Wiskunde

```
A S Z G I Ç T T G S Z D T K
H R İ Y T A L Ç O K G E N A
A E İ M N P U V J P I F G R
C Q U T E K E S I R L Q E E
I J C Q M T P V R G O A O O
M R B B E E R P C N G Y M N
A Ç I L A R T İ K Q R P E D
Ü E L L D N L İ Q T S A T A
Ç V H R E V T G K Ü R E R L
G R Q F N T B I E S N I İ I
E E D I K D Ö R T G E N N K
N J B G L Q L V G K O Ş U T
H A P H E A Ü P H N Y B C V
Y B I O M V M R T R F I F U
```

KÜRE	KOŞUT
ONDALIK	DIKDÖRTGEN
ÇAP	ARİTMETİK
BÖLÜM	TOPLAM
ÜÇGEN	SİMETRİ
ÜS	ÇOKGEN
KESIR	DENKLEM
GEOMETRİ	KARE
AÇILAR	HACIM
ÇEVRE	

10 - Camping

```
E  M  I  A  Ğ  A  Ç  L  A  R  Q  F  A  R
C  S  H  E  Y  J  S  H  Ç  I  P  G  V  T
L  F  K  P  U  S  U  L  A  V  N  F  C  D
H  I  I  H  B  A  Z  S  D  O  Ğ  A  I  G
A  A  C  V  Ö  J  N  H  I  B  D  V  L  Ö
R  B  M  A  C  E  R  A  R  T  S  Y  I  L
İ  S  Q  A  E  Z  R  U  C  L  Z  V  K  U
T  D  K  L  K  A  N  O  J  J  S  H  Q  R
A  K  A  R  A  J  A  J  K  R  A  L  I  V
R  J  G  Ğ  B  U  H  Z  O  K  Y  F  O  E
J  J  D  Q  İ  M  T  T  N  R  L  F  E  C
V  E  F  E  N  E  R  A  J  R  M  S  K  F
H  A  Y  V  A  N  L  A  R  A  E  A  E  Y
Ş  A  P  K  A  A  T  E  Ş  L  E  F  N  S
```

MACERA	AVCILIK
DAĞ	HARİTA
AĞAÇLAR	KANO
ORMAN	PUSULA
ATEŞ	FENER
KABİN	AY
HAYVANLAR	GÖL
HAMAK	DOĞA
ŞAPKA	ÇADIR
BÖCEK	IP

11 - Activiteiten

```
N P Y H N Ö S T T S A N A T
B F O T O Ğ R A F Ç I L I K
O B C O Z T I M P Q T H R Y
Ş O M D G Z A B E C E R I Ü
O Y Q B A L I K Ç I L I K R
Y A D C V B I S L V Q H B Ü
U M L C H K P E S S U M Y
N A O H I Z Q A T R C D D Ü
L U B U L M A C A L A R G Ş
A F K L I D A N S N P M C J
R Z H O K J D İ K İ Ş C İ G
B A H Ç I V A N L I K Y O K
Z O K U M A B J Z E V K F K
Z Z O M P R A H A T L A M A
```

ÖRME	DİKİŞ
DANS	RAHATLAMA
FOTOĞRAFÇILIK	ZEVK
OYUNLAR	BULMACALAR
BALIKÇILIK	BOYAMA
AVCILIK	BAHÇIVANLIK
SERAMİK	BECERI
SANAT	BOŞ
OKUMA	YÜRÜYÜŞ
SIHIR	

12 - Vormen

```
S  E  B  R  E  Ü  K  Y  K  Z  P  H  S  K
K  I  C  O  L  Ç  T  K  D  G  İ  L  İ  O
A  N  R  U  N  G  G  D  A  I  R  E  L  N
R  K  I  A  K  E  N  A  R  L  A  R  İ  İ
E  A  N  Y  Ü  N  Ç  Ç  I  G  M  G  N  I
H  İ  P  E  R  B  O  L  O  B  İ  I  D  U
E  Ğ  R  I  E  O  J  O  R  K  T  T  İ  L
D  I  K  D  Ö  R  T  G  E  N  G  Q  R  K
G  D  P  L  E  Q  D  K  B  T  H  E  Y  Ö
I  A  Y  R  R  T  J  S  H  C  B  L  N  Ş
O  V  A  L  İ  Y  U  V  A  R  L  A  K  E
J  Z  N  E  K  Z  Z  N  N  I  P  T  S  E
L  Q  B  V  F  L  M  C  U  A  F  E  P  Q
I  Y  D  Q  P  O  S  A  R  K  Ü  P  G  L
```

KÜRE	KÜP
ARK	SIRA
SİLİNDİR	OVAL
DAIRE	PİRAMİT
EĞRI	PRİZMA
ÜÇGEN	KENARLAR
KÖŞE	DIKDÖRTGEN
HİPERBOL	YUVARLAK
YAN	ÇOKGEN
KONİ	KARE

13 - Astronomie

```
R  A  S  A  T  H  A  N  E  S  L  B  E  A
M  E  T  E  O  R  K  P  K  V  A  Q  O  S
G  Q  E  Q  P  F  U  F  İ  B  R  T  U  T
E  K  F  N  B  L  T  D  N  U  A  E  J  R
Z  O  D  Y  A  K  G  E  O  L  D  L  N  O
E  T  U  T  U  L  M  A  K  U  Y  E  S  N
G  Ö  K  Y  Ü  Z  Ü  S  S  T  A  S  M  O
E  K  J  I  D  L  B  T  P  S  S  K  D  M
N  Y  K  L  F  U  N  R  S  U  Y  O  B  D
G  J  H  D  F  Z  K  O  O  H  O  P  S  B
A  Q  V  I  G  S  K  N  P  E  N  A  K  O
C  I  K  Z  H  R  Q  O  P  S  C  G  Y  I
T  O  P  R  A  K  L  T  R  O  K  E  T  Z
K  B  T  A  K  I  M  Y  I  L  D  I  Z  V
```

TOPRAK	GEZEGEN
ASTRONOT	ROKET
ASTRONOM	UYDU
ZODYAK	YILDIZ
EKİNOKS	TAKIMYILDIZ
GÖKYÜZÜ	RADYASYON
AY	TELESKOP
METEOR	EVREN
BULUTSU	TUTULMA
RASATHANE	

14 - Emoties

```
K D Z F M Z B S H D M V H S
O E F V Ö S A İ E T I O U E
R H R H F E R K Y H N A Z M
K A A Ş K V I İ E H N A U P
U S H Q E İ Ş N C F E H R A
B S A A D N D T A F T H O T
Ü A T D T Ç I I N F T R L İ
Z S J H L L F M L I A L M O
Ü İ Z K Z U A E I I R L H A
N Y S A K I N M J E K I M V
T E L E A Y A N A L M Q B S
Ü T N M U T L U L U K U V G
S Ü R P R İ Z N E Z A K E T
P J N M C S Q U U F J Y A O
```

KORKU	SEMPATİ
MINNETTAR	HASSASİYET
ÜZÜNTÜ	MEMNUN
MUTLULUK	SÜRPRİZ
SAKIN	SIKINTI
AŞK	BARIŞ
RAHAT	SEVİNÇ
HEYECANLI	NEZAKET
RAHATLAMA	ÖFKE
HUZUR	

15 - Vakantie #2

```
H  P  Y  P  P  M  M  E  H  Q  R  A  S  Z
A  D  S  T  L  E  H  F  A  B  E  P  O  P
V  P  F  B  A  G  E  L  R  B  S  M  H  T
A  T  Z  O  J  F  D  H  İ  U  T  H  N  H
L  V  A  Ş  T  R  E  N  T  A  O  T  E  L
İ  U  İ  Ş  K  O  F  C  A  F  R  M  D  Q
M  M  C  Z  I  E  Ğ  S  E  Y  A  H  A  T
A  Q  I  V  E  M  P  R  U  D  N  R  Ğ  A
N  Ç  A  D  I  R  A  S  A  Z  C  J  L  K
I  D  E  N  I  Z  C  C  C  F  C  K  A  S
Y  A  B  A  N  C  I  D  I  T  L  S  R  İ
E  P  A  S  A  P  O  R  T  L  Y  A  O  T
T  I  K  D  H  C  N  R  P  A  I  T  R  P
I  O  I  Z  A  D  A  V  P  Y  Y  K  Z  O
```

DAĞLAR	RESTORAN
HEDEF	PLAJ
YABANCI	TAKSİ
ADA	ÇADIR
FOTOĞRAFLAR	TREN
OTEL	TAŞIMACILIK
HARİTA	VİZE
HAVALİMANI	BOŞ
PASAPORT	DENIZ
SEYAHAT	

16 - Weersomstandigheden

```
A  C  U  N  Q  R  G  S  İ  S  O  S  H  S
T  R  O  P  İ  K  Ö  T  L  K  U  R  U  I
M  U  S  O  N  Z  K  A  L  S  G  G  K  C
O  L  Z  U  G  Ö  K  Y  Ü  Z  Ü  Ö  A  A
S  E  L  J  V  Q  U  B  U  Z  B  K  S  K
F  Y  I  M  J  B  Ş  U  E  O  G  G  I  L
E  I  İ  K  F  Q  A  L  I  R  Q  Ü  R  I
R  Q  R  L  L  Z  Ğ  U  U  F  P  R  G  K
Ü  N  Q  T  D  I  I  T  P  K  C  Ü  A  H
Z  P  Z  I  I  M  F  R  Q  G  L  F  A
G  Q  D  E  N  N  R  B  U  L  U  T  L  U
Â  K  U  T  U  P  A  I  L  R  E  Ü  A  L
R  J  T  Z  N  K  D  L  M  E  O  S  B  M
K  U  R  A  K  L  I  K  Q  Z  J  Ü  C  D
```

ATMOSFER
BULUTLU
YILDIRIM
GÖK GÜRÜLTÜSÜ
KURU
KURAKLIK
GÖKYÜZÜ
BUZ
IKLIM
SİS

MUSON
SEL
KUTUP
GÖKKUŞAĞI
FIRTINA
SICAKLIK
KASIRGA
TROPİK
RÜZGÂR
BULUT

17 - Strand

```
G  I  K  Q  D  Y  K  G  N  I  A  D  Y  B
E  H  H  H  A  Ş  E  M  S  İ  Y  E  E  O
O  K  Y  A  N  U  S  L  G  Q  Y  N  N  T
U  T  G  V  C  U  A  A  K  G  E  I  G  A
A  J  Ü  L  Q  C  N  G  K  E  G  Z  E  T
Q  K  N  U  L  E  D  Ü  K  R  N  Y  Ç  I
E  Z  E  R  I  D  A  N  U  M  P  L  D  L
D  F  Ş  Z  V  A  L  O  M  A  A  U  İ  L
O  D  H  A  Y  B  E  Q  A  D  A  V  R  K
K  A  B  P  Z  D  T  I  Q  U  D  S  I  H
H  T  J  K  R  E  S  İ  F  I  D  V  T  S
G  J  S  H  S  N  L  S  L  G  F  Y  C  F
S  K  M  R  A  E  Z  N  L  Y  Y  Q  S  B
O  N  S  A  H  I  L  C  N  Z  A  V  T  E
```

MAVI	ŞEMSİYE
BOT	RESİF
DOK	SANDALET
ADA	TATIL
HAVLU	KUM
YENGEÇ	DENIZ
SAHIL	YELKENLİ
LAGÜN	GÜNEŞ
OKYANUS	

18 - Eten #2

```
M  T  L  Q  T  L  A  V  N  E  K  H  K  J
M  N  Y  P  E  Y  N  I  R  L  İ  N  N  D
O  K  U  I  T  A  V  U  K  M  V  Z  E  R
N  I  M  R  P  S  D  G  L  A  İ  I  P  Ş
P  B  U  I  G  Y  Z  L  H  N  Y  N  E  E
J  A  R  N  L  H  E  Q  U  Q  A  D  T  F
A  D  T  Ç  K  U  Ş  K  O  N  M  A  Z  T
M  E  A  L  B  R  O  K  O  L  İ  U  O  A
B  M  U  C  I  L  K  R  Ü  F  A  O  Z  L
O  Z  U  H  Q  C  B  V  Z  O  N  Z  N  I
N  E  B  U  Ğ  D  A  Y  Ü  O  A  S  J  U
Q  E  E  G  S  L  L  N  M  M  N  L  J  Y
E  K  M  E  K  S  I  D  O  M  A  T  E  S
Y  O  Ğ  U  R  T  K  Q  F  Z  S  G  L  N
```

BADEM	JAMBON
ANANAS	PEYNIR
ELMA	TAVUK
KUŞKONMAZ	KİVİ
PATLICAN	ŞEFTALI
MUZ	PIRINÇ
BROKOLİ	BUĞDAY
EKMEK	DOMATES
ÜZÜM	BALIK
YUMURTA	YOĞURT

19 - Klimmen

E	Ğ	I	T	İ	M	O	Y	Z	B	A	Y	V	Y
L	I	I	C	S	A	U	Ü	R	Q	M	M	N	A
D	D	T	Z	H	Z	O	R	L	U	K	L	A	R
I	Z	S	E	A	N	I	Ü	C	A	U	E	T	A
V	I	I	N	R	I	I	Y	F	P	V	O	M	L
E	L	G	F	İ	A	M	Ü	T	P	V	V	O	A
N	T	N	R	T	E	A	Ş	P	I	E	P	S	N
L	G	U	J	A	R	Ğ	K	O	I	T	Y	F	M
E	U	T	Z	N	B	A	V	A	D	A	R	E	A
R	A	K	I	M	N	R	Q	E	S	J	N	R	T
S	E	B	A	T	A	A	I	H	B	K	C	D	U
T	C	I	M	K	Q	N	M	B	H	I	S	U	L
M	E	R	A	K	E	Q	M	Q	Q	S	L	P	G
U	Y	J	E	A	P	I	D	A	L	S	P	Y	Z

ATMOSFER   YARALANMA
UZMAN   MERAK
MAĞARA   EĞITIM
ELDIVENLER   DAR
KASK   SEBAT
RAKIM   ZORLUKLAR
HARİTA   YÜRÜYÜŞ
KUVVET

20 - Restaurant #1

```
L  K  T  A  B  A  K  G  D  K  T  A  T  T
P  E  Ç  E  T  E  V  A  N  I  T  L  A  A
A  K  M  N  P  A  C  Z  U  O  E  E  T  V
M  M  S  D  Z  C  S  K  O  O  H  R  L  U
R  E  Z  E  R  V  A  S  Y  O  N  J  I  K
Q  K  E  I  D  N  M  L  P  Q  H  İ  D  A
T  U  N  J  H  K  Q  M  U  T  F  A  K  Q
M  Z  L  Q  Y  E  T  D  E  K  H  A  L  D
B  A  H  A  R  A  T  L  I  N  P  K  N  Y
G  I  D  A  R  D  D  C  E  C  Ü  A  L  E
G  J  Ç  V  V  T  U  K  G  A  A  H  E  M
B  A  Y  A  N  G  A  R  S  O  N  V  T  E
S  O  S  U  K  U  D  V  H  I  M  E  M  K
T  J  M  M  U  K  D  F  M  K  R  E  P  C
```

ALERJİ	BIÇAK
TABAK	BAHARATLI
EKMEK	REZERVASYON
YEMEK	SOS
MUTFAK	BAYAN GARSON
TAVUK	PEÇETE
KAHVE	TATLI
TAS	ET
MENÜ	GIDA

21 - Geologie

```
K  U  V  A  R  S  Y  K  E  T  A  R  U  C
R  L  S  D  B  I  M  A  Ğ  A  R  A  A  H
İ  O  U  P  S  R  N  A  Y  D  G  T  P  D
S  N  E  D  A  Y  V  R  G  L  D  A  G  G
T  U  Z  E  R  O  Z  Y  O  N  A  Ş  C  T
A  Z  J  P  K  A  L  S  İ  Y  U  M  M  D
L  A  G  R  I  G  A  Y  Z  E  R  L  A  V
L  S  D  E  T  V  M  E  R  C  A  N  M  J
E  İ  Z  M  Q  H  O  F  O  S  İ  L  Q  E
R  T  N  O  V  B  Ö  L  G  E  L  B  L  O
K  A  T  M  A  N  D  Ö  K  M  E  E  G  B
B  I  E  S  O  K  L  Q  U  A  H  P  I  F
H  K  T  G  B  L  Y  Q  R  B  N  H  M  V
H  C  C  A  K  S  R  T  J  J  S  O  Y  D
```

DEPREM	KUVARS
KALSİYUM	KATMAN
KITA	LAV
EROZYON	YAYLA
FOSİL	SARKIT
GAYZER	TAŞ
DÖKME	VOLKAN
MAĞARA	BÖLGE
MERCAN	TUZ
KRİSTALLER	ASİT

22 - Specerijen

```
N  F  K  İ  Ş  N  İ  Ş  A  C  I  C  P  S
N  L  T  A  R  Ç  I  N  N  K  C  L  I  A
O  M  S  A  R  I  M  S  A  K  Ö  G  Z  F
V  K  V  B  U  A  L  F  S  S  Z  R  I  R
Ç  A  B  V  T  K  N  I  O  D  T  M  İ  A
E  K  N  K  U  G  E  F  N  O  P  G  V  N
M  U  Q  İ  Z  K  T  C  İ  S  O  Ğ  A  N
E  L  S  Z  L  G  B  E  M  L  J  M  L  O
N  E  Q  F  T  Y  B  V  L  E  Z  Z  E  T
T  A  T  L  I  D  A  İ  R  E  Z  E  N  E
Y  D  K  I  R  M  I  Z  I  B  İ  B  E  R
Z  E  N  C  E  F  I  L  K  İ  M  Y  O  N
O  G  O  H  O  G  R  D  R  U  L  I  O  Q
A  B  I  S  N  L  J  A  S  E  F  T  Z  T
```

ANASON	KARANFİL
ACI	CEVİZ
ÇEMEN	KIRMIZI BİBER
ZENCEFIL	SAFRAN
TARÇIN	LEZZET
KAKULE	SOĞAN
KÖRİ	VANİLYA
SARIMSAK	REZENE
KİMYON	TATLI
KİŞNİŞ	TUZ

23 - Groenten

```
K A B A K Z B T T B K M D P
S O Ğ A N F Q I U E E A J A
B R O K O L İ S R Z R Y E T
H E D U S T K P P E E D L L
A R L M A N T A R L V A Y I
V R E B R D E N F Y İ N Z C
U P R E I E Q A R E Z O E A
Ç A N S M D N K V H M Z Y N
G T N Q S Y O G S A L A T A
Ş A L G A M I M İ S S J I Y
Q T S Q K R P D A N Z P N N
F E T M D S A L A T A L I K
M S Z E N C E F I L E R O C
U S Z B L Z A C L M I S L K
```

PATATES	MAYDANOZ
ENGİNAR	KABAK
PATLICAN	ŞALGAM
BROKOLİ	TURP
BEZELYE	SALATA
ZENCEFIL	KEREVİZ
SARIMSAK	ISPANAK
SALATALIK	DOMATES
ZEYTIN	SOĞAN
MANTAR	HAVUÇ

24 - Dans

```
H Y D Q H Q I E O I M T H H
K O Y B B S A N A T H F J A
O F K A R S Z N E C J C Z R
R B Ü F C E I Q J Ş O Q M E
E İ L T Q V V O J N E K Ü K
O A T A N L A M L I Z L Z E
G K Ü İ K L T N B A L A I T
R A R L M K Ü L T Ü R S K G
A D E H G V T P M O N İ D Ö
F E L F P R O V A K D K U R
İ M N S B K S L Ü T U F Y S
O İ G H U Q O G C C R N G E
G E L E N E K S E L U N U L
O R T A K I U N U R Ş T Q C
```

AKADEMİ
HAREKET
NEŞELI
KOREOGRAFİ
KÜLTÜREL
KÜLTÜR
DUYGU
ANLAMLI
LÜTUF
DURUŞ

KLASİK
SANAT
VÜCUT
MÜZIK
ORTAK
PROVA
RİTİM
GELENEKSEL
GÖRSEL

25 - Sport

```
O  U  Q  G  G  Z  N  A  T  L  E  T  K  B
Y  B  I  S  I  K  L  E  T  C  U  A  A  E
U  T  F  R  C  G  O  L  F  P  I  K  V  Y
N  Ş  E  S  T  A  D  Y  U  M  Y  I  L  Z
C  F  A  N  F  I  G  Y  U  L  N  M  S  B
U  Q  E  M  İ  K  A  Z  A  N  A  N  R  O
S  L  J  N  P  S  A  L  O  N  O  O  Z  L
N  V  J  B  S  İ  D  Z  V  J  S  H  D  R
C  S  I  T  U  Y  Y  Q  C  O  N  A  L  L
L  G  R  Y  D  Z  J  O  T  I  H  R  U  V
B  M  N  T  A  E  D  K  N  Z  B  E  R  A
B  A  S  K  E  T  B  O  L  C  R  K  O  Ç
M  V  U  H  A  K  E  M  H  O  K  E  Y  G
M  A  U  N  K  J  İ  M  N  A  S  T  İ  K
```

ATLET	ŞAMPİYON
BASKETBOL	HAKEM
HAREKET	OYUN
BISIKLET	OYUNCU
GOLF	STADYUM
SALON	TAKIM
JİMNASTİK	TENİS
HOKEY	KOÇ
BEYZBOL	KAZANAN

26 - Mythologie

```
G K U V V E T K Y D L B D Ö
Ö İ J Q V K F B A D A Ü A L
K S E İ O A O S R C B Y V Ü
G K G M Q H A O A E İ Ü R M
Ü A Y Q G R D V T N R L A S
R N Y F Q A Y R I N E Ü N Ü
Ü Ç I E E M A C K E N F I Z
L L L L Ö A R N A T T V Ş L
T İ D A L N A Z J N B G R Ü
Ü K I K Ü L T Ü R U A C U K
S A R E M M I Y L M Q V K T
Ü E I T L A L O O U F Z A T
I Z M Y Ü Z I F T N Z T V R
H V S A V A Ş Ç I E U R U P
```

NUMUNE	KUVVET
YILDIRIM	SAVAŞÇI
YARATILIŞ	EFSANE
KÜLTÜR	BÜYÜLÜ
GÖK GÜRÜLTÜSÜ	CANAVAR
LABİRENT	ÖLÜMSÜZLÜK
DAVRANIŞ	FELAKET
KAHRAMAN	ÖLÜMLÜ
CENNET	YARATIK
KISKANÇLIK	

27 - Vakantie #1

```
H E A Z Z K Z B İ L E T Z D
S I R T Ç A N T A S I T F I
R A H A T L A M A V Z B K T
P G Ö L U K V R U T U Ç A K
A F J J K I J H D E Q L B P
R T C D I Ş E F S U M G H C
A I S M G P S F K R M Ü Z E
B T G Ü Z E R G A H Z M G Ş
İ Y U H C P J G V Y U R D E
R S B R D D K K N G Z Ü F M
İ U E L I R K Y I Z K K N S
M E S F J S V R E N C Z J İ
İ Z L B E G T R A M V A Y Y
A R A B A R A M K F U F M E
```

ARABA
GÜMRÜK
SEFER
BİLET
BAVUL
GÖL
MÜZE
RAHATLAMA

ŞEMSİYE
GÜZERGAH
SIRT ÇANTASI
TURIST
TRAMVAY
PARA BİRİMİ
KALKIŞ
UÇAK

28 - Eten #1

```
G T F F T U B Y H S Q T S V
P B I S P A N A K S O Ğ A N
Z F S A A D A P F B G Y R Z
J E T R H L İ M O N A S I D
J S I M B A A L Z J R C M S
O L K U C U V T U Z P G S V
H E E T C Y C U A Q A M A E
N Ğ K A Y I S I Ç E R T K V
Ş E K E R S H S Ç O R B A N
A N B M G C E Ü V O C P L A
Y F O C E O G T A R Ç I N D
M E Y V E S U Y U I F B B G
H V T C V R U I A G I M L Q
R I B Ç İ L E K B A L I K A
```

ÇİLEK
KAYISI
FESLEĞEN
LİMON
ARPA
TARÇIN
SARIMSAK
SÜT
ARMUT
FISTIK

SALATA
MEYVE SUYU
ÇORBA
ISPANAK
ŞEKER
BALIK
SOĞAN
ET
HAVUÇ
TUZ

29 - Avontuur

```
O  L  A  Ğ  A  N  D  I  Ş  I  P  Q  H  Ş
A  R  K  A  D  A  Ş  L  A  R  E  H  A  A
T  E  H  L  I  K  E  L  I  D  F  I  Z  Ş
G  V  A  O  Y  C  E  S  A  R  E  T  I  I
S  Ü  V  P  E  G  E  Z  I  E  R  J  R  R
E  E  Z  L  N  S  E  F  E  R  C  M  L  T
Y  M  S  E  I  Z  O  R  L  U  K  G  I  I
A  N  S  R  R  L  V  L  B  M  Y  Q  K  C
H  İ  N  Z  Ş  G  I  N  H  E  V  E  S  I
A  Y  M  P  A  O  A  Z  C  E  B  D  J  D
T  E  O  L  N  E  D  H  B  S  D  S  Q  Q
L  T  H  B  S  E  V  İ  N  Ç  O  E  G  D
E  Z  O  R  L  U  K  L  A  R  Ğ  G  F  D
R  G  Ü  Z  E  L  L  I  K  K  A  P  Q  I
```

HEDEF	OLAĞAN DIŞI
HEVES	GÜZERGAH
GEZI	SEYAHATLER
TEHLIKELI	GÜZELLIK
ŞANS	ZORLUKLAR
CESARET	EMNİYET
ZORLUK	ŞAŞIRTICI
DOĞA	HAZIRLIK
SEFER	SEVİNÇ
YENI	ARKADAŞLAR

30 - Circus

```
K  M  U  H  T  E  Ş  E  M  Ü  Z  I  K  Z
A  M  G  Ç  A  D  İ  R  K  P  D  O  F  U
P  L  P  A  S  Y  H  O  K  K  A  B  A  Z
L  F  A  N  E  P  V  B  G  B  S  N  S  B
A  I  A  Y  Y  A  A  A  V  A  M  Ş  I  İ
N  L  K  H  I  L  E  L  N  S  R  E  H  L
K  P  R  R  R  F  B  O  Y  L  F  K  I  E
O  G  O  H  C  Y  G  N  N  A  A  E  R  T
S  Z  B  Z  I  L  L  L  S  N  Ç  R  R  H
T  Y  A  R  Z  H  Y  A  K  M  B  O  A  I
Ü  K  T  E  Z  C  Y  R  Q  R  E  L  N  S
M  A  Y  M  U  N  P  R  C  Y  G  P  N  V
Q  R  M  Q  U  H  H  R  O  Q  S  I  Q  C
P  U  T  S  İ  H  İ  R  B  A  Z  A  U  D
```

MAYMUN	SIHIR
AKROBAT	MÜZIK
BALONLAR	FIL
PALYAÇO	ALAY
HAYVANLAR	ŞEKER
SİHİRBAZ	MUHTEŞEM
HOKKABAZ	ÇADIR
BİLET	KAPLAN
KOSTÜM	SEYIRCI
ASLAN	HILE

31 - Restaurant #2

```
Y D E D S B G D F Q P Y L Q
N T F V A S A N D A L Y E D
E Z Z Z A L B L E Z S U Q T
C D Ç U U Y A E I B N Z Z P
H F O B U Z H Z L K A Ş I K
G A R S O N A Z K E K G S H
G Y B T U Z R E J F G J A I
H U A G U M A T Ç F N O L V
K M E A D U T L M A H I A E
M U F U G U Q I Y C T C T R
E R M R R J V V B R J A A İ
Y T S E B Z E L E R A D L Ş
V A A I Z A L D T C U F T T
E H P C U E Q Y V T A P I E
```

KEK	SALATA
YUMURTA	ÇORBA
MEYVE	BAHARAT
SEBZELER	SANDALYE
LEZZETLI	BALIK
BUZ	MEZE
KAŞIK	ÇATAL
ERİŞTE	SU
GARSON	TUZ

32 - Bijen

```
E  B  T  K  Ç  M  D  O  D  M  I  U  M  B
U  Ö  A  A  İ  E  M  I  N  U  L  Z  F  A
N  C  R  N  Ç  Y  Ş  J  Z  R  M  F  V  L
B  E  B  A  E  C  B  I  E  Z  I  A  Z  M
İ  K  C  T  K  Z  K  R  T  G  P  Y  N  U
T  J  Z  L  K  M  R  I  I  L  O  D  O  M
K  O  V  A  N  E  A  B  P  U  I  A  L  U
İ  R  Z  R  K  Y  L  A  T  U  O  L  Y  C
L  V  F  L  Y  V  I  L  U  K  Q  I  I  G
E  U  N  Z  A  E  Ç  O  G  Ü  N  E  Ş  K
R  Z  M  R  E  Y  E  D  I  B  A  H  Ç  E
P  O  L  E  N  E  I  G  D  J  R  F  H  P
E  V  N  T  S  L  K  C  A  E  J  B  Q  U
Ç  İ  Ç  E  K  L  E  R  I  I  B  B  Z  G
```

TOZLAYICI   BİTKİLER
KOVAN   DUMAN
ÇİÇEKLER   POLEN
ÇİÇEK   BAHÇE
ÇEŞITLILIK   KANATLAR
MEYVE   GIDA
BAL   FAYDALI
BÖCEK   BALMUMU
KRALIÇE   GÜNEŞ

33 - School #1

```
K A L E M L E R N R Ö K M S
B Y F Y A Z M A K R Ğ Ü A H
K P G F S L M C C A R T T Z
N E U B A A L F A B E Ü E N
K A L E M R Y E R E T P M V
P C K Â Ğ I T I O R M H A C
A L İ S I N A V L N E A T O
O E T D Y N D C I A N N İ U
H S A N D A L Y E C R E K G
T N P K L A S Ö R V A Z V N
L Z L E Ğ L E N C E A J Q R
J O A Ö Ğ R E N M E K P P L
P O R A R K A D A Ş L A R L
K L H S V R U S I N I F J Z
```

ALFABE	KLASÖR
CEVAP	KÂĞIT
KÜTÜPHANE	KALEMLER
KİTAPLAR	EĞLENCE
MASA	KALEM
SAYILAR	YAZMAK
SINAV	SANDALYE
SINIF	ARKADAŞLAR
ÖĞRETMEN	MATEMATİK
ÖĞRENMEK	

34 - Wandelen

```
T  R  K  E  L  N  I  Q  H  T  T  S  O  Q
Y  O  O  H  D  R  P  N  A  E  A  H  S  H
G  O  P  V  A  H  Ş  İ  Z  H  Ş  A  U  A
D  Ü  R  L  J  T  M  H  I  L  L  V  Ç  Y
K  S  N  G  A  Ğ  I  R  R  İ  A  A  U  V
D  A  Ğ  E  U  N  U  O  L  K  R  J  R  A
A  U  C  C  Ş  N  T  F  I  E  S  B  U  N
S  B  J  S  Q  S  C  I  K  L  N  P  M  L
F  N  F  J  K  V  P  K  A  E  H  A  C  A
P  Y  U  D  D  F  L  P  A  R  K  L  A  R
I  P  B  O  R  Y  A  N  T  A  S  Y  O  N
Z  E  P  Ğ  E  E  Z  S  T  I  K  L  I  M
D  B  H  A  R  İ  T  A  S  F  N  P  J  G
U  Z  Z  R  H  C  K  Y  C  K  M  M  Z  E
```

DAĞ	PARKLAR
HAYVANLAR	TAŞLAR
TEHLİKELER	TOPLANTI
HARİTA	HAZIRLIK
UÇURUM	SU
IKLIM	HAVA
YORGUN	VAHŞİ
DOĞA	GÜNEŞ
ORYANTASYON	AĞIR

35 - Ecologie

```
T  F  K  G  P  Q  M  G  B  Z  L  J  Z  B
Ç  O  L  E  R  V  L  Ö  İ  D  R  Q  P  İ
E  R  P  O  U  U  A  N  T  N  I  I  B  T
Ş  R  J  L  R  J  V  Ü  K  D  O  Ğ  A  K
I  O  I  D  U  A  J  L  İ  Y  P  J  T  İ
T  B  K  H  T  L  Z  L  Ö  D  O  Ğ  A  L
L  E  L  P  V  C  U  Ü  R  A  D  O  K  E
I  K  I  N  P  F  A  K  T  Ğ  E  H  L  R
L  A  M  P  L  D  N  Q  Ü  L  N  D  I  N
I  K  Ü  R  E  S  E  L  S  A  İ  K  K  A
K  O  P  U  B  Y  G  Y  Ü  R  Z  Y  S  P
K  K  U  R  A  K  L  I  K  Z  B  C  P  V
Q  M  J  K  I  F  A  U  N  A  E  F  B  U
U  N  I  E  D  R  Z  M  G  K  Z  E  U  Z
```

DAĞLAR	DENİZ
ÇEŞITLILIK	BATAKLIK
KURAKLIK	DOĞA
FAUNA	DOĞAL
FLORA	BEKA
TOPLULUK	BİTKİLER
KÜRESEL	BİTKİ ÖRTÜSÜ
IKLIM	GÖNÜLLÜ

36 - Installaties

```
K  D  I  J  D  B  F  H  F  R  S  O  Y  Z
Ö  F  D  E  N  A  A  Ğ  A  Ç  A  R  E  E
K  G  M  Z  B  H  S  M  Y  J  R  M  Ş  G
S  L  V  C  Z  Ç  U  F  B  H  M  A  İ  Ü
K  G  U  N  H  E  L  L  E  U  A  N  L  B
Ç  I  Ç  E  K  J  Y  O  L  G  Ş  T  L  R
I  V  O  A  R  G  E  R  I  S  I  P  İ  E
M  D  Q  Y  O  S  L  A  S  Y  K  O  K  U
E  T  D  F  R  T  F  D  K  C  O  J  U  R
N  K  A  K  T  Ü  S  U  K  Y  S  P  J  Y
B  O  T  A  N  İ  K  T  F  T  O  E  B  G
B  İ  T  K  İ  Ö  R  T  Ü  S  Ü  S  K  H
V  Z  Y  A  P  R  A  K  M  G  R  H  U  R
S  Ç  A  L  I  V  K  L  F  Q  K  H  Y  N
```

BAMBU	ÇIMEN
DUT	SARMAŞIK
YAPRAK	OT
ÇIÇEK	GÜBRE
AĞAÇ	YOSUN
FASULYE	BOTANİK
ORMAN	ÇALI
KAKTÜS	BAHÇE
FLORA	BİTKİ ÖRTÜSÜ
YEŞİLLİK	KÖK

37 - School #2

```
Ö  K  A  L  E  M  L  E  R  B  Z  S  M  D
B  Ğ  E  Ğ  I  T  I  M  P  E  K  U  N  İ
M  I  R  D  K  Ü  T  Ü  P  H  A  N  E  L
A  S  L  E  E  M  A  K  A  S  L  Ö  K  B
T  I  T  G  T  B  I  L  I  M  E  D  S  İ
E  R  A  A  I  M  I  K  P  C  M  E  Ö  L
M  T  K  Y  S  S  E  Y  O  A  H  V  Z  G
A  Ç  V  A  C  J  A  N  A  T  N  H  L  İ
T  A  I  K  C  D  M  Y  O  T  O  B  Ü  S
İ  N  M  K  Â  Ğ  I  T  A  V  C  D  K  İ
K  T  Z  A  I  D  G  K  R  R  O  E  F  S
Q  A  H  B  Z  A  K  A  D  E  M  I  K  T
G  S  R  I  H  A  F  T  A  S  O  N  U  P
T  I  S  S  U  B  M  P  C  V  F  N  F  S
```

AKADEMIK
KÜTÜPHANE
OTOBÜS
BILGISAYAR
DİLBİLGİSİ
ÖDEV
TAKVIM
ÖĞRETMEN
EDEBIYAT
EĞITIM

KÂĞIT
KALEMLER
KALEM
SIRT ÇANTASI
MAKAS
AYAKKABI
HAFTA SONU
BILIM
MATEMATİK
SÖZLÜK

38 - Oceaan

```
G D I R A L S B H M G Y K N
Y E N G E Ç Ü A Z M S I A B
Y N L I G K N C S E R L P O
U İ A G Z K G R C I M A L T
N Z J M İ M E R C A N N U İ
U A K V G T R T U Z E B M S
S N A D A L G A L A R A B T
G A R E B R E S İ F P L A İ
G S İ F A A Q F G Z Z I Ğ R
B I D N L R L V P Q H Ğ A İ
C R E F I R T I N A L I M D
G B S C K S O U N J L P U Y
Y O S U N Y A H T A P O T E
K Ö P E K B A L I Ğ I T O Y
```

YILAN BALIĞI	DENİZANASI
YOSUN	AHTAPOT
BOT	İSTİRİDYE
YUNUS	RESİF
KARİDES	KAPLUMBAĞA
GELGİT	SÜNGER
DALGALAR	FIRTINA
KÖPEKBALIĞI	BALIK
MERCAN	BALINA
YENGEÇ	TUZ

39 - Landen #2

```
N E P A L İ B E R Y A G G N
E N D O N E Z Y A D D U Q D
T M N İ J E R Y A Z D K Y E
Q O S C G J Y R H I L R U H
L Ü B N A N A R K T J A N D
S O M A L İ V P U T T Y A A
F R A N S A R Y O S K N N N
M S D K E N U L J N Y A I İ
A U M E K S İ K A U Y A S M
L R U N H T U G A N D A T A
E İ L Y A P O F Z S D L A R
Z Y B A E T İ Y O P Y A N K
Y E C Y C Z T L O N V O R A
A N B F R A J C Q A B S Q N
```

DANİMARKA	LİBERYA
ETİYOPYA	MALEZYA
FRANSA	MEKSİKA
YUNANISTAN	NEPAL
İRLANDA	NİJERYA
ENDONEZYA	UGANDA
JAPONYA	UKRAYNA
KENYA	RUSYA
LAOS	SOMALİ
LÜBNAN	SURİYE

40 - Bloemen

```
T  N  S  J  C  C  M  N  B  A  E  Ç  L  G
G  Ü  L  A  L  E  M  E  C  Y  B  A  A  A
G  V  P  O  V  B  P  R  B  Ç  E  R  V  R
T  S  J  D  P  C  F  G  Ş  İ  G  K  A  D
M  A  N  O  L  Y  A  İ  A  Ç  Ü  I  N  E
G  Q  F  T  U  R  N  S  K  E  M  F  T  N
Y  A  S  E  M  İ  N  O  A  Ğ  E  E  A  Y
Z  H  P  Q  E  P  V  P  Y  İ  C  L  Z  A
Y  A  B  Y  R  B  A  E  I  O  İ  E  C  B
A  Ş  M  B  I  J  N  P  K  A  N  K  F  U
P  H  U  B  A  N  Q  H  A  C  R  C  T  K
R  A  N  B  A  I  U  B  K  T  C  Q  A  E
A  Ş  T  E  C  K  V  I  V  V  Y  S  P  T
K  A  Q  Q  J  O  R  K  İ  D  E  A  I  R
```

YAPRAK	NERGİS
BUKET	ORKİDE
GARDENYA	HAŞHAŞ
EBEGÜMECİ	ÇARKIFELEK
YASEMİN	ŞAKAYIK
YONCA	PLUMERIA
LAVANTA	GÜL
ZAMBAK	LALE
PAPATYA	AYÇİÇEĞİ
MANOLYA	

41 - Huisdieren

```
C T A V Ş A N G M K Ö P E K
R G İ N E K B D I E T E K V
K E Ç I B Y L C R D B N Ö K
M P Y M D Z U J P İ A Ç P V
P F K E R T E N K E L E E K
B A L I K R T Q B C U L K U
T R P E N Ç E M L R P E Y Y
H E Y A K A F L F S V R A R
Y F M V Ğ D G V R F C P V U
V N K P T A C E N V I F R K
V E T E R İ N E R O S B U G
E F D K E D İ Y A V R U S U
K A P L U M B A Ğ A L F U U
N E H H A M S T E R R V K Q
```

VETERİNER	YAKA
KEÇI	FARE
KERTENKELE	PAPAĞAN
HAMSTER	PENÇE
KÖPEK	KÖPEK YAVRUSU
KEDİ	KAPLUMBAĞA
KEDİ YAVRUSU	KUYRUK
PENÇELER	BALIK
İNEK	GIDA
TAVŞAN	SU

42 - Landschappen

```
C  V  K  M  V  A  H  A  Z  Z  B  T  N  S
H  C  T  K  G  A  Y  Z  E  R  U  K  O  L
K  K  T  L  Ö  B  D  E  N  I  Z  A  H  K
O  H  S  F  L  D  I  I  T  M  D  U  C  C
K  J  V  O  L  K  A  N  U  D  A  M  S  J
U  I  J  K  O  O  B  U  N  V  Ğ  K  Y  D
M  J  H  Y  C  H  R  A  D  B  I  V  D  Y
G  H  D  A  Ş  T  Y  A  R  I  M  A  D  A
Y  Y  Q  N  E  H  I  R  A  H  J  Z  H  B
E  F  J  U  L  B  A  T  A  K  L  I  K  U
D  A  Ğ  S  A  A  T  T  K  Ç  R  T  A  Z
E  H  E  T  L  Q  D  E  H  Ö  A  A  S  U
D  D  U  E  E  R  S  A  P  L  A  J  H  L
M  V  M  A  Ğ  A  R  A  B  E  M  R  E  S
```

DAĞ	OKYANUS
ADA	NEHIR
GAYZER	YARIMADA
BUZUL	PLAJ
MAĞARA	TUNDRA
TEPE	VADI
BUZDAĞI	VOLKAN
GÖL	ŞELALE
BATAKLIK	ÇÖL
VAHA	DENIZ

43 - Tuin

```
Ç  K  V  F  O  M  B  A  N  K  V  N  E  O
A  Q  E  Q  T  Z  G  A  R  A  J  I  Z  U
L  F  R  O  L  J  Ö  S  H  A  M  A  K  N
I  L  A  C  A  R  L  M  V  Ç  I  M  E  N
J  Y  N  E  R  B  E  A  S  I  E  F  T  K
L  J  D  P  L  Y  T  A  K  Ç  R  A  R  Ü
P  L  A  Z  Q  Z  L  G  S  E  H  A  A  R
N  N  J  Z  R  T  B  B  N  K  T  H  M  E
T  E  R  A  S  T  I  R  M  I  K  O  B  K
O  D  A  I  Ğ  K  S  E  K  H  S  R  O  Y
P  F  I  N  I  A  O  Q  I  F  D  T  L  O
R  A  J  L  D  J  Ç  R  B  T  G  U  İ  R
A  H  L  O  Y  L  P  I  Z  F  I  M  N  U
K  N  E  A  N  M  Z  Q  T  Y  E  R  D  C
```

BANK	KÜREK
ÇIÇEK	HORTUM
TOPRAK	ÇALI
AĞAÇ	TERAS
GARAJ	TRAMBOLİN
ÇIMEN	BAHÇE
HAMAK	VERANDA
TIRMIK	GÖLET
ÇIT	ASMA
OTLAR	

44 - Katten

```
V  U  Y  K  U  K  U  A  Z  R  R  K  A  V
H  T  B  U  Ü  V  U  B  I  E  N  Ü  J  B
U  A  A  Y  I  R  H  C  Q  T  J  Ç  A  N
I  N  Ğ  R  M  Y  K  Z  H  T  Q  Ü  O  J
P  G  I  U  S  A  L  O  A  N  Z  K  N  P
E  A  M  K  J  F  A  R  E  Q  Z  P  A  B
Z  Ç  S  E  G  S  V  R  V  T  B  E  T  Z
J  F  I  C  R  F  C  G  A  R  I  N  I  Q
H  P  Z  E  I  A  I  D  H  M  J  Ç  H  Y
V  I  U  D  U  Z  K  D  Ş  I  R  E  Y  P
Z  E  Z  E  O  P  Z  L  İ  U  P  E  D  Z
M  I  P  L  I  K  I  J  I  A  U  I  J  H
U  N  K  İ  I  O  J  I  K  J  G  R  A  N
E  R  D  I  D  K  I  Ş  I  L  I  K  R  Q
```

KÜRK	KIŞILIK
IPLIK	PENÇE
DELİ	UYKU
AVCI	HIZLI
KÜÇÜK	KUYRUK
FARE	UTANGAÇ
MERAKLI	VAHŞI
BAĞIMSIZ	

45 - Beroepen #2

```
D  B  M  U  C  İ  T  Z  M  G  C  B  A  G
T  E  İ  Z  J  L  C  U  Ü  A  E  A  R  S
A  D  D  Y  J  O  L  M  H  Z  R  H  H  H
A  R  S  E  O  B  T  B  E  E  R  Ç  F  D
S  E  A  K  K  L  V  R  N  T  A  I  İ  İ
T  S  M  Ş  U  T  O  Y  D  E  H  V  L  L
R  S  B  J  T  Ç  İ  G  I  C  S  A  O  B
O  A  C  O  M  I  E  F  S  İ  E  N  Z  İ
N  M  Z  Y  O  F  R  P  İ  L  O  T  O  L
O  V  T  G  H  T  Q  M  B  K  N  P  F  İ
T  V  D  I  Ş  Ç  I  R  A  Q  D  U  I  M
Ç  İ  Z  E  R  I  S  P  J  C  H  H  O  C
D  O  K  T  O  R  P  V  E  C  I  K  B  İ
F  O  T  O  Ğ  R  A  F  Ç  I  G  U  N  P
```

DOKTOR	MÜHENDIS
ASTRONOT	GAZETECİ
BİYOLOG	DİLBİLİMCİ
ÇİFTÇİ	ARAŞTIRMACI
CERRAH	PİLOT
DEDEKTİF	RESSAM
FİLOZOF	DIŞÇI
FOTOĞRAFÇI	BAHÇIVAN
ÇİZER	MUCİT

46 - Komedie

```
O T P Z M B Q M R B A V B A
Ş S E Y I R C I I K N A F A
A A C L L E U Z D N I J H O
K N K D E C K A H K A H A D
A B L T B V K H S U M Y O O
L G E A R T İ Y A T R O P Ğ
A M C E M I Q Z C Z H G A A
R D D S S L S A Y N I A R Ç
T Ü R D Q C I K N O I L O L
I M C K M B Q T Q P N K D A
E Ğ L E N C E Ö S E U I İ M
V T B M R L B R U C E Ş Z A
P A L Y A Ç O L A R T Q R M
V L Z U L G K P J L H J R C
```

AKTÖR	MIZAH
AKTRIS	DOĞAÇLAMA
ALKIŞ	PARODİ
PALYAÇOLAR	EĞLENCE
ANLAMLI	SEYIRCI
KAHKAHA	TELEVİZYON
TÜR	TİYATRO
ŞAKALAR	

47 - Dagen en Maanden

```
S  H  A  F  T  A  E  O  F  D  A  O  H  Ç
K  A  Y  K  N  Q  O  T  C  P  Ğ  V  H  A
K  Z  L  I  K  P  C  N  T  A  U  E  E  R
H  I  F  I  K  E  A  I  K  Z  S  M  D  Ş
G  R  H  A  J  R  K  K  P  A  T  L  M  A
Q  A  K  H  Q  Ş  R  I  M  R  O  H  Ş  M
E  N  B  O  T  E  F  Q  M  T  S  O  U  B
F  P  D  C  U  M  A  R  T  E  S  I  B  A
T  C  E  N  F  B  H  G  I  S  L  B  A  E
E  A  U  J  E  E  H  Z  P  I  Z  I  T  Y
M  Q  K  A  S  I  M  U  V  F  J  A  O  I
M  D  Q  V  J  R  D  P  J  H  R  P  T  L
U  A  R  P  I  E  V  E  Y  L  Ü  L  L  Z
Z  C  U  M  A  M  A  R  T  P  A  Z  A  R
```

AĞUSTOS	PAZARTESI
SALI	MART
PERŞEMBE	KASIM
ŞUBAT	EKIM
YIL	EYLÜL
OCAK	CUMA
TEMMUZ	HAFTA
HAZIRAN	ÇARŞAMBA
TAKVIM	CUMARTESI
AY	PAZAR

48 - Beeldende Kunsten

```
Ş  Ö  V  A  L  E  P  O  R  T  R  E  K  B
B  J  S  B  O  Y  A  M  A  F  A  B  I  T
K  O  M  P  O  Z  I  S  Y  O  N  A  L  Y
M  B  R  R  A  G  H  F  A  T  B  Ş  B  F
Y  İ  T  E  B  E  Ş  İ  R  O  A  Y  F  N
M  Y  M  S  F  I  L  M  A  Ğ  L  A  V  F
A  F  K  A  L  E  M  K  T  R  M  P  B  N
K  C  Y  N  R  K  B  Z  I  A  U  I  J  M
Y  O  U  A  O  İ  Y  H  C  F  M  T  R  L
K  T  V  T  K  M  S  E  I  L  U  Y  R  F
K  I  R  Ç  H  G  D  Y  L  Q  B  G  L  I
K  J  Y  I  Z  Z  S  K  I  L  U  V  C  J
G  U  P  E  R  S  P  E  K  T  I  F  H  J
Ş  A  B  L  O  N  U  L  Q  Y  T  I  L  J
```

MİMARİ
SANATÇI
HEYKEL
YARATICILIK
ŞÖVALE
FILM
FOTOĞRAF
KIL
TEBEŞİR

BAŞYAPIT
PERSPEKTIF
PORTRE
KALEM
KOMPOZISYON
BOYAMA
ŞABLON
BALMUMU

49 - Menselijk Lichaam

```
P  R  V  H  O  H  A  C  K  B  Ç  K  A  N
D  D  C  B  M  M  Ğ  D  A  A  E  L  A  H
C  I  I  F  U  M  I  P  L  C  N  O  Y  L
Y  Z  L  R  Z  R  Z  D  P  A  E  K  A  B
O  J  T  E  S  B  U  B  E  K  T  N  K  O
Z  T  K  H  Q  E  N  N  K  C  P  V  B  T
K  E  P  T  C  Y  K  B  K  T  M  G  I  Y
B  S  Q  T  A  I  P  A  R  M  A  K  L  L
I  Q  C  H  Y  N  H  Ş  K  Z  O  N  E  C
H  S  H  L  Q  D  L  R  M  G  Y  B  Ğ  E
V  N  G  D  Y  I  P  H  K  I  Q  J  I  L
C  D  N  F  S  L  V  R  N  Y  P  R  G  V
K  U  L  A  K  Z  I  G  I  G  T  E  K  F
I  Y  R  M  G  Ö  Z  H  B  O  Y  U  N  B
```

BACAK	DIZ
KAN	MIDE
DIRSEK	AĞIZ
AYAK BILEĞI	BOYUN
EL	BURUN
KALP	GÖZ
BEYIN	KULAK
BAŞ	OMUZ
CILT	DIL
ÇENE	PARMAK

50 - Familie

U	K	I	Z	E	V	L	A	T	E	Y	Z	E	M
Ç	O	C	U	K	B	Ü	Y	Ü	K	B	A	B	A
H	C	K	A	D	I	N	E	Ş	G	K	R	K	Z
Ç	A	B	M	C	K	U	T	I	N	H	K	R	Q
B	O	I	C	Z	S	J	O	E	Q	K	A	T	A
S	V	C	A	N	Y	R	R	I	R	D	G	F	
J	F	J	U	Ç	O	C	U	K	L	U	K	R	İ
B	Ü	Y	Ü	K	A	N	N	E	G	S	U	U	K
L	A	B	K	Y	L	F	A	K	F	D	R	J	İ
H	N	R	I	E	Y	A	Y	T	C	Z	U	M	Z
Y	N	N	P	Ğ	V	U	R	O	E	H	O	C	L
P	E	R	K	E	K	K	A	R	D	E	Ş	N	E
I	U	P	E	N	U	N	N	U	B	A	B	A	R
Q	B	V	Q	G	J	U	O	N	T	P	L	I	K

ERKEK KARDEŞ
KIZ EVLAT
BÜYÜKANNE
ÇOCUKLUK
ÇOCUK
ÇOCUKLAR
TORUN
ERKEK TORUN
KOCA

ANNE
YEĞEN
AMCA
BÜYÜK BABA
TEYZE
İKİZLER
BABA
ATA
KADIN EŞ

51 - Gebouwen

```
C  O  R  I  Z  P  M  I  H  P  Z  B  O  F
Ç  Ç  A  D  I  R  M  Ü  Z  E  V  Z  S  A
I  T  S  T  A  D  Y  U  M  K  A  L  E  B
F  I  A  V  L  O  T  E  L  A  U  T  F  R
T  A  T  O  O  O  K  N  O  C  A  L  O  I
L  V  H  B  C  O  U  U  D  K  U  B  E  K
I  T  A  I  Z  F  A  Z  L  A  H  I  R  A
K  İ  N  L  A  B  O  R  A  T  U  V  A  R
U  Y  E  S  M  A  P  A  R  T  M  A  N  S
K  A  B  İ  N  E  L  Ç  İ  L  İ  K  F  V
D  T  Ü  N  I  V  E  R  S  I  T  E  I  E
C  R  U  E  H  A  S  T  A  N  E  J  I  J
M  O  O  M  C  Q  J  M  E  N  K  R  M  O
I  D  L  A  G  R  M  A  A  F  J  R  T  F
```

ELÇİLİK	RASATHANE
APARTMAN	OKUL
SİNEMA	AHIR
ÇIFTLIK	STADYUM
KABİN	ÇADIR
FABRIKA	TİYATRO
OTEL	KULE
KALE	ÜNIVERSITE
LABORATUVAR	HASTANE
MÜZE	

52 - Beroepen #1

```
E  İ  T  F  A  I  Y  E  C  İ  D  G  P  H
T  D  E  C  Z  A  C  I  Y  P  O  T  S  D
U  J  İ  Y  S  V  A  S  L  S  K  K  İ  N
R  R  S  T  K  A  V  C  I  N  T  U  K  V
K  C  Z  P  Ö  R  S  A  A  Q  O  Y  O  E
H  E  M  Ş  I  R  E  T  B  J  R  U  L  T
B  Z  O  E  M  E  D  L  R  E  B  M  O  E
C  M  Ü  Z  İ  S  Y  E  N  O  A  C  G  R
H  M  A  V  U  K  A  T  G  L  N  U  P  İ
B  Ü  Y  Ü  K  E  L  Ç  İ  O  K  O  S  N
D  A  N  S  Ç  I  O  Q  M  G  A  L  M  E
T  E  S  I  S  A  T  Ç  I  H  C  B  R  R
D  V  V  H  A  R  I  T  A  C  I  Y  R  N
O  Y  L  Q  H  L  P  İ  Y  A  N  İ  S  T
```

AVUKAT	DOKTOR
BÜYÜKELÇİ	EDİTÖR
ECZACI	JEOLOG
ASTRONOM	AVCI
ATLET	KUYUMCU
BANKACI	TESİSATÇI
ITFAIYECI	MÜZİSYEN
HARITACI	PİYANİST
DANSÇI	PSİKOLOG
VETERİNER	HEMŞIRE

53 - Kastelen

```
M  A  N  C  I  N  I  K  I  A  B  P  Ş  K
K  I  L  I  Ç  Q  H  D  D  C  U  R  Ö  A
P  E  J  Z  Y  E  Y  U  J  T  U  E  V  D
V  O  P  İ  S  A  A  J  B  Q  A  N  A  H
P  R  E  N  S  E  S  D  D  L  J  S  L  A
F  E  O  D  A  L  K  A  L  K  A  N  Y  N
Q  U  K  A  U  S  J  R  Q  G  C  Q  E  E
Z  J  D  N  F  V  M  O  F  Z  C  K  Z  D
G  S  Z  I  R  H  A  S  I  L  C  I  U  A
L  A  İ  E  H  Q  T  R  H  U  L  S  M  N
K  R  A  L  L  I  K  O  İ  B  E  P  D  M
U  A  İ  M  P  A  R  A  T  O  R  L  U  K
L  Y  L  G  P  L  K  D  T  A  S  Y  E  U
E  J  D  E  R  H  A  H  R  K  Ç  K  G  N
```

EJDERHA	DUVAR
HANEDAN	AT
ASIL	SARAY
FEODAL	PRENS
KALE	PRENSES
ZIRH	ŞÖVALYE
MANCINIK	IMPARATORLUK
ZİNDAN	KALKAN
KRALLIK	KULE
TAÇ	KILIÇ

54 - Insecten

```
Y  K  H  R  P  C  C  G  J  D  B  L  E  K
L  A  R  V  A  İ  Q  Ü  T  P  Ö  R  K  E
U  R  B  M  R  K  R  V  K  M  C  J  J  L
H  I  I  A  I  N  U  E  Q  T  E  P  T  E
C  N  F  N  N  A  P  B  C  G  K  O  V  B
R  C  H  T  I  A  Ç  E  K  İ  R  G  E  E
R  A  R  I  T  E  R  M  İ  T  R  F  I  K
M  E  E  S  V  B  R  I  A  L  Y  Q  J  Y
U  F  U  O  R  U  Y  U  S  U  F  Ç  U  K
Y  A  P  R  A  K  D  İ  D  I  S  J  Z  H
A  Ğ  U  S  T  O  S  B  Ö  C  E  Ğ  İ  I
S  I  V  R  I  S  I  N  E  K  V  K  J  U
L  Y  B  S  O  L  U  C  A  N  S  M  I  K
H  G  T  Q  M  N  A  C  M  C  Q  S  L  B
```

MANTIS
ARI
YAPRAKDİD
AĞUSTOSBÖCEĞİ
BÖCEK
LARVA
YUSUFÇUK
KARINCA

GÜVE
SIVRISINEK
ÇEKİRGE
TERMİT
KELEBEK
PİRE
YABAN ARISI
SOLUCAN

55 - Antarctica

```
T  Z  A  K  C  B  T  Z  D  R  G  Q  F  F
O  Q  M  A  O  İ  O  P  M  L  G  R  A  H
A  V  İ  Y  Ğ  L  P  K  S  V  F  B  U  Z
R  Z  N  A  R  I  O  S  U  K  I  T  A  B
A  K  E  L  A  M  Ğ  J  R  I  Q  Z  N  L
Ş  D  R  I  F  S  R  Ç  K  N  D  P  F  P
T  I  A  K  Y  E  A  B  E  E  I  E  U  T
I  F  L  L  A  L  F  U  R  V  K  O  Y  P
R  Y  L  S  A  M  Y  Z  K  O  R  U  M  A
M  S  E  F  E  R  A  U  G  E  M  E  P  C
A  U  R  M  A  J  Y  L  J  Ö  I  M  Z  C
C  D  S  I  C  A  K  L  I  K  Ç  C  V  A
I  R  V  M  N  D  Y  A  R  I  M  A  D  A
P  E  N  G  U  E  N  R  Z  C  J  V  H  C
```

KOY	ÇEVRE
KORUMA	ARAŞTIRMACI
KITA	PENGUEN
ADALAR	KAYALIK
SEFER	YARIMADA
COĞRAFYA	SICAKLIK
BUZULLAR	TOPOĞRAFYA
BUZ	SU
GÖÇ	BILIMSEL
MİNERALLER	

56 - Ballet

```
T A R Z I Z A R İ F C M P L
E A L Y O Ğ U N L U K Ü B D
K H A F M T G Q L L I Z E A
N A B E S T E C I A Z I C N
İ S S J E S T G K D M K E S
K A D L E Z P S S R F L R Ç
Y N T G A S R U Y İ S B I I
E A T T L R O A C T E A R L
U T F U K T V L Q İ Y L I A
G S E U I F A P O M I E V R
O A O D Ş J A U Q C R R R G
O L O R K E S T R A C İ H R
K O R E O G R A F İ I N Z Y
L K A C Q H E V T R R B I Q
```

ALKIŞ
SANATSAL
BALERİN
KOREOGRAFİ
BESTECI
DANSÇILAR
ANLAMLI
JEST
YOĞUNLUK
MÜZIK

ORKESTRA
SEYIRCI
PROVA
RİTİM
ZARİF
SOLO
KASLAR
TARZ
TEKNİK
BECERI

57 - Vissen

```
B  L  P  U  J  I  R  A  C  I  H  T  F  O
O  K  Y  A  N  U  S  Ğ  G  Z  L  E  E  V
P  L  A  J  S  A  B  I  R  C  N  J  M  T
Z  H  B  N  U  P  O  R  B  O  T  S  N  E
S  M  A  S  C  Z  N  L  D  C  O  O  Z  R
E  N  R  U  N  A  C  I  R  Ç  N  L  G  Z
T  T  T  Y  E  M  G  K  Y  Z  E  U  Q  S
G  E  I  O  H  S  E  P  E  T  P  N  V  F
M  L  Y  C  I  Y  N  R  Z  L  F  G  E  N
Y  U  B  Y  R  H  I  Q  M  N  U  A  N  F
N  B  B  Z  D  P  Q  Q  C  P  O  Ç  F  O
S  E  Z  O  N  T  N  T  P  G  Ö  L  R  D
Q  T  R  F  M  H  D  M  H  G  N  A  F  N
S  R  G  M  C  B  Z  I  L  F  O  R  K  K
```

YEM	SEPET
BOT	GÖL
TEL	OKYANUS
SABIR	ABARTI
AĞIRLIK	NEHIR
KANCA	SEZON
ÇENE	PLAJ
SOLUNGAÇLAR	SU

58 - Fruit

```
L  C  Q  T  Z  V  S  T  J  A  F  H  D  B
M  E  U  A  F  A  O  U  O  V  R  R  K  I
H  L  İ  M  O  N  F  R  Z  O  G  M  M  S
P  M  Z  U  S  A  K  U  C  K  A  M  U  A
K  A  V  U  N  N  İ  N  U  A  F  Z  E  T
I  V  P  E  P  A  N  C  P  D  P  H  R  L
R  K  N  A  D  S  C  U  L  O  V  U  I  H
A  A  Z  E  Y  K  İ  V  İ  F  U  M  K  M
Z  H  H  J  K  A  R  V  E  K  O  C  L  A
M  U  Ş  E  F  T  A  L  I  A  L  O  H  N
D  D  Q  U  Y  A  A  F  D  Y  E  F  Y  G
L  U  T  S  Z  U  G  R  U  I  A  M  O  O
M  D  Q  S  A  P  C  U  O  S  D  U  R  C
K  U  C  D  U  T  T  C  B  I  Ü  Z  Ü  M
```

KAYISI	KİVİ
ANANAS	MANGO
ELMA	KAVUN
AVOKADO	NEKTAR
MUZ	TURUNCU
DUT	PAPAYA
LİMON	ARMUT
ÜZÜM	ŞEFTALI
AHUDUDU	ERIK
KIRAZ	İNCİR

59 - Literatuur

```
T  K  A  D  A  N  L  A  T  I  C  I  K  E
P  A  N  E  K  D  O  T  M  K  E  Z  U  R
T  F  R  Z  M  G  Ö  R  Ü  Ş  I  I  R  J
G  I  İ  Z  D  E  S  S  G  U  F  T  G  V
L  Y  T  B  K  T  C  K  T  K  P  C  U  T
F  E  İ  E  Y  K  R  A  A  D  C  B  P  B
G  G  M  P  S  Y  O  P  Z  Y  A  İ  P  E
T  S  T  O  N  T  E  M  A  D  J  Y  V  Ş
R  R  O  M  A  N  V  A  N  A  L  O  J  İ
A  V  J  N  T  B  I  A  A  K  H  G  I  İ
J  N  J  Y  U  R  J  D  L  D  M  R  I  R
E  Y  H  F  N  Ç  Z  H  I  P  D  A  J  S
D  İ  Y  A  L  O  G  H  Z  B  G  F  B  E
İ  Y  A  Z  A  R  N  G  S  O  S  İ  L  L
```

ANALOJİ	MECAZ
ANALIZ	ŞİİRSEL
ANEKDOT	KAFIYE
YAZAR	RİTİM
BİYOGRAFİ	ROMAN
SONUÇ	TARZ
DİYALOG	TEMA
KURGU	TRAJEDİ
ŞIIR	ANLATICI
GÖRÜŞ	

60 - Technologie

```
A R A Ş T I R M A L V İ G T
S A N A L I K I O G I S Ü A
F V Y Q F B A Y T P G T V R
I İ E C A I D D O S Y A E A
P R B A Q L T B İ Y J T N Y
G Ü V U F G T E N J K İ L I
M S H L R I C J T K İ S I C
Y E S N E S G V E R I T K I
K A S Z J A E K R A N İ A G
A K Z A U Y D T N Q O K O L
M H N I J A V L E B L O G L
E P U Q L R N V T D G I E E
R V F A K I N J V Z K P O N
A G M O B İ M L E Ç F L D S
```

MESAJ
DOSYA
BLOG
TARAYICI
BAYT
KAMERA
BILGISAYAR
İMLEÇ
DİJİTAL

VERI
İNTERNET
ARAŞTIRMA
EKRAN
YAZILIM
İSTATİSTİK
GÜVENLIK
SANAL
VİRÜS

61 - Boeken

```
M K G E K Z N D R K S U T O
L İ K H D I G T T O A S R K
B L Z H T E D B G L Y P A U
L Q J A V J B F Y E F D J Y
U T N N H C A Î Q K A Q İ U
Y T F H Ş İ Ğ U K S M N K C
A A U K I K L V V I O Y A U
Z R Z U I İ A M Ö Y K Ü R Q
I İ F A R L M L Q O C R A N
L H I M R İ C U C N M G K C
I O O I B K İ L G İ L İ T L
J S Z M A C E R A L U Z E C
D E S T A N J C A P L I R Y
Y A R A T I C I H R O M A N
```

YAZAR	YARATICI
MACERA	KARAKTER
SAYFA	OKUYUCU
KOLEKSIYON	EDEBÎ
BAĞLAM	ŞIIR
İKİLİK	İLGİLİ
DESTAN	ROMAN
YAZILI	TRAJİK
TARİH	ÖYKÜ
MİZAHİ	

62 - Meer Informatie

```
P  M  Ü  T  O  P  Y  A  T  E  Ş  S  B  D
A  S  E  N  A  R  Y  O  Ş  N  L  T  Q  I
T  F  Y  G  I  Z  E  M  L  I  V  K  Q  F
L  A  B  E  J  G  L  U  H  A  R  D  T  Ü
A  N  P  R  A  Ö  R  R  G  P  S  I  P  T
M  T  U  Ç  B  K  O  L  L  H  İ  T  H  Ü
A  A  E  E  D  A  U  K  L  O  N  L  A  R
P  S  L  K  Ü  D  M  Y  E  B  E  Q  Y  I
I  T  F  Ç  N  A  Y  M  E  H  M  P  A  S
U  I  M  İ  Y  O  Q  T  H  D  A  J  L  T
J  K  İ  T  A  P  L  A  R  S  E  N  İ  I
G  E  Z  E  G  E  N  O  V  B  M  Z  E  K
R  O  B  O  T  L  A  R  J  P  K  O  U  T
Y  A  N  I  L  S  A  M  A  I  B  M  L  P
```

SİNEMA	GIZEMLI
KİTAPLAR	KEHANET
ATEŞ	GEZEGEN
HAYALİ	GERÇEKÇİ
PATLAMA	ROBOTLAR
AŞIRI	SENARYO
FANTASTIK	GÖKADA
FÜTÜRISTIK	TEKNOLOJI
YANILSAMA	ÜTOPYA
KLONLAR	DÜNYA

63 - Regenwoud

```
D  A  K  M  Q  K  E  D  K  A  O  D  M  F
I  V  B  S  J  E  T  N  O  D  G  E  E  Z
D  D  C  A  I  M  O  O  R  Ğ  C  Ğ  M  B
B  E  K  A  A  K  G  T  U  U  A  E  E  N
Y  S  A  Y  G  I  L  Q  M  S  I  R  L  S
O  B  Z  K  S  L  M  I  A  S  B  L  İ  Q
S  U  S  T  U  Q  I  B  M  T  H  I  L  O
U  L  I  R  A  Ş  B  Ö  C  E  K  L  E  R
N  U  Ğ  T  O  P  L  U  L  U  K  I  R  M
A  T  I  L  B  O  T  A  N  İ  K  P  E  A
H  L  N  N  B  P  T  F  R  H  K  G  J  N
Q  A  A  Ç  E  Ş  I  T  L  I  L  I  K  Z
L  R  K  R  E  S  T  O  R  A  S  Y  O  N
T  U  D  R  P  E  M  K  V  O  A  M  L  P
```

KORUMA	BEKA
BOTANİK	SAYGI
ÇEŞITLILIK	RESTORASYON
TOPLULUK	SIĞINAK
BÖCEKLER	KUŞLAR
ORMAN	DEĞERLI
IKLIM	BULUTLAR
YOSUN	MEMELİLER
DOĞA	

64 - Haartypes

```
K  A  V  U  A  S  R  E  N  K  L  İ  D  L
I  P  C  Y  Z  D  A  L  G  A  L  I  R  S
V  I  B  U  G  A  P  Ğ  K  N  Y  R  S  S
I  D  M  M  T  K  A  P  L  J  O  B  I  A
R  K  S  U  K  I  S  A  A  I  L  P  Y  R
C  A  C  Ş  A  Y  Y  G  T  U  K  O  A  I
I  H  P  A  R  L  A  K  B  Z  D  L  H  Ş
K  V  L  K  A  L  I  N  N  U  S  Y  I  I
B  E  Y  A  Z  G  D  D  I  N  C  E  T  N
J  R  Ö  R  G  Ü  L  Ü  Ü  G  K  C  G  P
F  E  K  I  F  M  A  O  Q  Z  U  G  P  D
I  N  M  E  L  Ü  S  G  Y  F  R  R  G  U
Q  G  E  S  L  Ş  U  F  A  H  U  İ  U  U
H  I  H  F  H  U  B  V  E  L  E  M  P  U
```

SARIŞIN	DALGALI
KAHVERENGI	GRİ
KALIN	KEL
KURU	KISA
INCE	KIVIRCIK
RENKLİ	UZUN
ÖRGÜLÜ	BEYAZ
SAĞLIKLI	YUMUŞAK
DÜZ	GÜMÜŞ
PARLAK	SIYAH

65 - Stad

```
K  T  Ç  M  A  Ğ  A  Z  A  N  U  G  Z  R
Ü  İ  S  İ  N  E  M  A  A  J  Z  U  O  K
T  Y  H  K  Ç  B  H  T  F  O  K  K  E  L
Ü  A  S  Ü  P  E  R  M  A  R  K  E  T  İ
P  T  J  A  K  O  K  O  J  Z  I  S  K  N
H  R  O  O  H  O  İ  Ç  T  Z  E  E  Z  İ
A  O  K  U  L  K  T  L  İ  A  A  C  I  K
N  T  I  N  S  T  A  D  Y  U  M  Z  M  M
E  E  M  R  K  Z  P  A  Z  A  R  A  R  G
B  L  T  Ü  Z  S  Ç  F  N  B  A  N  K  A
O  P  E  N  Z  V  I  Y  I  D  I  E  Q  L
T  Y  G  O  R  E  S  T  O  R  A  N  P  E
O  F  A  Ü  N  I  V  E  R  S  I  T  E  R
B  E  G  H  A  V  A  L  İ  M  A  N  I  İ
```

ECZANE	HAVALİMANI
FIRIN	PAZAR
BANKA	MÜZE
KÜTÜPHANE	RESTORAN
SİNEMA	OKUL
ÇİÇEKÇİ	STADYUM
KİTAPÇI	SÜPERMARKET
GALERİ	TİYATRO
OTEL	ÜNIVERSITE
KLİNİK	MAĞAZA

66 - Natuur

```
K  D  P  O  D  R  Q  E  N  G  N  H  A  Y
V  A  H  Ş  İ  N  U  R  E  Ü  H  A  R  M
C  Ğ  S  T  H  R  G  O  H  Z  O  Y  K  F
O  L  F  G  G  O  Y  Z  I  E  L  V  T  I
B  A  R  I  N  A  K  Y  R  L  Y  A  I  P
A  R  D  Q  E  Z  E  O  B  L  E  N  K  I
H  U  Z  U  R  L  U  N  S  I  Ş  L  H  J
B  U  L  U  T  L  A  R  B  K  İ  A  A  D
O  R  M  A  N  I  J  P  Ç  Ö  L  R  Y  İ
B  T  R  O  P  İ  K  A  L  U  L  A  A  N
U  L  D  Z  P  S  A  K  İ  N  İ  U  T  A
Z  O  I  P  H  İ  U  P  S  C  K  Z  İ  M
U  K  L  F  K  S  N  E  H  A  J  E  D  İ
L  T  A  Q  K  E  U  D  A  R  L  A  R  K
```

ARKTIK	SİS
DAĞLAR	NEHIR
ARLAR	HUZURLU
ORMAN	GÜZELLIK
HAYVANLAR	SAKİN
DİNAMİK	TROPİKAL
EROZYON	HAYATİ
YEŞİLLİK	VAHŞİ
BUZUL	ÇÖL
BARINAK	BULUTLAR

67 - Dinosaurussen

```
D  A  C  T  G  O  T  Ç  U  L  C  J  A  Y
N  N  Z  C  Z  Ü  M  U  H  K  M  F  B  D
Y  K  K  L  D  F  Ç  N  R  J  I  T  Q  J
O  T  V  V  E  V  Z  L  İ  B  G  Q  V  P
K  O  D  E  V  A  S  A  Ü  V  Q  Y  F  F
A  P  K  U  R  K  Ü  F  D  Z  O  E  A  O
Y  R  U  N  I  A  R  N  U  C  L  R  J  S
B  A  Y  A  M  N  Ü  P  I  Q  B  K  E  İ
O  K  R  M  V  A  N  H  S  K  Ö  T  Ü  L
L  N  U  A  J  T  G  B  Ü  Y  Ü  K  V  L
M  H  K  M  D  L  E  O  I  M  U  G  I  E
A  S  K  U  T  A  N  Y  C  U  Z  Q  Z  R
K  N  K  T  B  R  L  U  J  S  U  E  B  J
G  P  R  E  H  İ  S  T  O  R  İ  K  R  T
```

TOPRAK	OMNİVORE
DEVASA	PREHİSTORİK
EVRIM	AV
FOSİLLER	SÜRÜNGEN
BÜYÜK	KUYRUK
BOYUT	KAYBOLMA
OTÇUL	KÖTÜ
GÜÇLÜ	KANATLAR
MAMUT	

68 - Zoogdieren

```
G  U  C  B  U  C  M  G  H  Q  I  Z  B  K
Z  F  L  K  O  A  G  N  U  R  K  D  T  T
I  K  U  R  T  G  J  M  A  J  A  V  A  R
M  A  B  R  C  N  R  T  I  T  B  C  V  L
A  N  A  G  M  J  H  N  O  D  Ç  T  Ş  D
Y  G  L  L  Q  R  D  Z  Ü  R  A  F  A  V
M  U  I  U  O  A  F  T  C  B  K  G  N  G
U  R  N  K  E  Ç  I  B  İ  G  A  E  N  O
N  U  A  U  A  S  L  A  N  L  L  N  D  R
U  O  T  M  S  E  Ş  E  K  B  K  J  E  İ
K  U  N  D  U  Z  Y  Y  V  O  Ö  İ  V  L
O  B  O  Z  U  V  F  I  L  Ğ  P  L  E  I
D  F  L  O  R  Q  P  P  U  A  E  N  I  Y
C  E  B  Y  Y  L  Y  H  Q  P  K  E  E  E
```

MAYMUN   KANGURU
KUNDUZ   KEDİ
ÇAKAL   TAVŞAN
YUNUS   ASLAN
EŞEK   FIL
KEÇI   AT
ZÜRAFA   BOĞA
GORİL   TİLKİ
KÖPEK   BALINA
DEVE   KURT

69 - 1 Jaar Geleden

```
T  G  D  U  B  Y  E  B  I  L  G  E  H  R
U  Z  C  S  I  N  Y  A  R  A  R  L  I  P
T  E  M  I  Z  H  M  Ğ  G  H  Z  S  B  H
K  S  P  B  V  N  K  I  U  U  T  K  I  I
U  S  C  Ü  İ  E  B  M  E  R  A  K  L  I
L  G  P  Y  Y  Y  R  S  I  J  K  E  N  S
U  Z  R  Ü  E  L  İ  I  L  R  I  B  O  A
N  H  A  L  D  M  R  Z  M  F  L  H  V  N
M  Ü  T  E  V  A  Z  I  E  L  L  R  T  A
P  D  I  Y  H  A  S  T  A  A  I  Y  F  T
E  H  K  I  G  Ü  V  E  N  I  L  I  R  S
P  U  H  C  C  Ö  M  E  R  T  Z  G  Y  A
F  U  G  I  H  B  Z  F  K  D  A  P  S  L
D  R  E  B  A  R  U  J  D  U  O  R  D  S
```

SANATSAL	CÖMERT
YARARLI	AKILLI
MÜTEVAZI	MERAKLI
GÜVENILIR	BAĞIMSIZ
BÜYÜLEYICI	HASTA
VERIMLI	PRATIK
TUTKULU	TEMIZ
İYİ	BILGE

70 - Kampioenschap

```
P  I  F  U  Z  K  T  A  K  I  M  G  D  M
U  E  B  Z  A  O  Y  U  N  L  A  R  S  O
V  H  R  A  A  Z  V  M  N  Z  D  B  T  T
F  Ş  T  F  P  S  G  B  K  A  A  F  R  İ
F  A  S  E  O  I  D  F  U  F  L  J  A  V
H  M  P  R  A  R  P  İ  R  Z  Y  V  T  A
T  P  O  Q  S  Z  M  N  K  L  A  U  E  S
S  İ  R  I  T  L  E  A  Y  O  İ  Z  J  Y
H  Y  D  I  E  M  S  L  N  L  Ç  G  İ  O
C  O  P  Q  R  Z  U  İ  G  S  J  D  N  N
G  N  K  V  L  V  J  S  A  A  R  U  T  G
L  M  M  N  E  B  O  T  U  R  N  U  V  A
L  C  F  V  M  Y  A  R  G  I  Ç  M  H  S
D  D  T  Z  E  P  R  K  R  S  M  N  B  Y
```

FİNALİST	SPOR
OYUNLAR	STRATEJİ
ŞAMPİYON	TAKIM
LİG	TURNUVA
MADALYA	KOÇ
MOTİVASYON	TERLEME
PERFORMANS	ZAFER
YARGIÇ	

71 - Exploratie

```
T  Y  O  R  G  U  N  L  U  K  K  Ö  Q  M
B  E  V  J  G  T  F  V  H  Ü  A  Ğ  U  F
I  I  H  K  E  Ş  I  F  V  L  R  R  V  D
T  V  L  L  E  L  B  Y  D  T  A  E  E  M
V  A  E  I  İ  H  M  S  U  Ü  R  N  T  Q
Q  H  M  M  N  K  T  Q  A  R  L  M  V  C
T  Q  V  H  Z  M  E  L  F  L  I  E  L  E
D  A  B  E  V  Z  E  L  P  E  L  K  U  S
I  K  E  Y  L  K  J  Y  E  R  I  F  Z  A
L  U  Z  E  J  K  J  S  E  R  K  A  A  R
U  I  Z  C  V  A  H  Ş  İ  N  V  N  K  E
P  Z  H  A  Y  V  A  N  L  A  R  A  M  T
L  N  E  N  Y  E  N  I  D  A  R  U  M  U
S  E  Y  A  H  A  T  E  T  M  E  K  U  O
```

KARARLILIK
KÜLTÜRLER
HAYVANLAR
TEHLİKELER
ÖĞRENMEK
CESARET
YENI
BILINMEYEN

KEŞIF
HEYECAN
SEYAHAT ETMEK
UZAY
DIL
YORGUNLUK
UZAK
VAHŞİ

72 - Voertuigen

```
H  E  L  İ  K  O  P  T  E  R  V  T  N  B
U  B  S  T  B  T  Q  R  K  J  Y  A  V  O
Ç  P  F  D  D  O  S  A  R  A  B  A  N  T
A  B  G  C  E  B  B  K  B  T  F  E  N  B
K  B  O  D  N  Ü  K  T  A  K  S  İ  L  I
I  C  I  B  İ  S  J  Ö  M  F  C  H  A  S
K  I  S  J  Z  T  S  R  İ  E  K  N  S  I
S  H  I  U  A  Z  J  A  P  R  D  Q  T  K
A  M  B  U  L  A  N  S  L  İ  I  N  İ  L
P  M  V  F  T  M  L  M  K  B  G  L  K  E
V  U  B  Y  I  B  O  E  C  O  O  D  L  T
K  A  M  Y  O  N  Y  T  N  T  I  N  E  R
L  H  H  K  Z  A  F  R  O  K  E  T  R  E
K  E  R  V  A  N  E  O  O  R  D  K  I  N
```

AMBULANS	MOTOR
ARABA	DENİZALTI
LASTİKLER	ROKET
VAN	TAKSİ
BOT	TRAKTÖR
OTOBÜS	TREN
KERVAN	FERİBOT
BISIKLET	UÇAK
HELİKOPTER	SAL
METRO	KAMYON

73 - Geografie

```
Q O O M E R İ D Y E N R Q Q
D E N I Z N S A G H E A J M
K I T A C G L Ğ H I H K B K
E K V A T O R E Y F I I G G
A D A G Ü N E Y M N R M D D
T N I T F U B H Q K Y R F L
H S J S N P Ö A T L A S D N
A D Y N C M L R T E R N U N
K E N T H R G İ K I I M N T
D D D S P T E T U K M J V S
T Ü L K E P G A Z M K T J S
O S N Q L A F A E F Ü Z I P
Y O K Y A N U S Y O R U N M
P P N Z A K A R R T E R J S
```

ATLAS	MERİDYEN
DAĞ	KUZEY
ENLEM	OKYANUS
KITA	BÖLGE
ADA	NEHIR
EKVATOR	KENT
YARIMKÜRE	DÜNYA
RAKIM	BATI
HARİTA	DENIZ
ÜLKE	GÜNEY

74 - Kunstbenodigdheden

```
Y D G G A F K M A N Q J K R
F A M B M I P A H M A S A S
İ A Ğ F J R S A M K I L L İ
K Â Ğ I T Ç U O S E E H E L
İ T Ş Ö V A L E U T R H M G
R U V F A L U D D V E A L İ
L T P M K A B J E C N L E V
E K N A V R O I T R K Q R U
R A Z N T U Y U Z H H J Q H
U L G R T Z A K R İ L İ K D
U M Ü R E K K E P G V C Z N
S A N D A L Y E K C T P A U
Y A R A T I C I L I K Y B F
C K P S J Z Z Y D D V J L T
```

AKRİLİK	RENK
SULUBOYA	TUTKAL
FIRÇALAR	YAĞ
KAMERA	KÂĞIT
YARATICILIK	PASTEL
ŞÖVALE	KALEMLER
SİLGİ	SANDALYE
FİKİRLER	MASA
MÜREKKEP	SU
KIL	

75 - Barbecues

```
D A V E T S S I J C E S T S
M E Y V E J A I M F J O Q O
B D I J U N Y Z C U S S N Ğ
Ç O C U K L A R T A T S Q A
S M Ü Z I K B I Ç A K O M N
E A A G O B E P A Ç V Y S Z
B T B I B E R N T L A U A L
Z E J D T U Z C A I I Z K Z
E S M A Y J C Q L K L H D S
L L I Z G A R A L D E A F O
E E P G Z P J L A I F D Z G
R R R O O U I U R V N C O N
S A L A T A L A R I S R O V
I N P H A F G J S D I D A Y
```

AILE	BIBER
MEYVE	SALATALAR
IZGARA	SOS
SEBZELER	DOMATESLER
SICAK	SOĞAN
AÇLIK	DAVET
ÇOCUKLAR	GIDA
TAVUK	ÇATALLAR
BIÇAK	YAZ
MÜZIK	TUZ

76 - Wetenschappelijke Discip

```
N Ö R O L O J İ K I M Y A D
C J V M N B İ Y O L O J İ D
M E T E O R O L O J İ K T Z
E T E R M O D İ N A M İ K U
K K N E P J E O L O J İ F A
A J O N G S O S Y O L O J İ
N O Q L D F İ Z Y O L O J İ
İ H A D O A R K E O L O J İ
K U N I Z J U B O T A N İ K
P Z A O V J İ Z T L O F I Q
A S T R O N O M İ P O Z B M
I B O R O B O T I K J J U S
C S M B İ Y O K İ M Y A İ H
F C İ İ M M Ü N O L O J İ R
```

ANATOMİ	İMMÜNOLOJİ
ARKEOLOJİ	MEKANİK
ASTRONOMİ	METEOROLOJİ
BİYOKİMYA	NÖROLOJİ
BİYOLOJİ	BOTANİK
KIMYA	PSİKOLOJİ
EKOLOJİ	ROBOTIK
FİZYOLOJİ	SOSYOLOJİ
JEOLOJİ	TERMODİNAMİK

77 - Bijvoeglijke Naamwoorden

```
G  Y  E  L  U  K  T  S  I  G  Ü  Ç  L  Ü
Z  B  A  N  K  L  U  A  M  U  R  A  O  Y
Q  C  R  P  A  G  Z  Ğ  Q  R  E  Ç  T  E
Q  G  D  O  Ğ  A  L  L  T  U  T  I  A  N
N  O  R  M  A  L  U  I  L  R  K  K  N  T
I  M  D  V  C  Q  S  K  Y  L  E  L  T  E
S  O  R  U  M  L  U  L  E  U  N  A  I  R
S  V  A  H  Ş  İ  P  I  N  Y  K  Y  K  E
A  S  M  P  C  B  J  O  I  K  S  I  O  S
F  T  A  V  B  Y  O  R  G  U  N  C  N  A
Y  E  T  E  N  E  K  L  I  L  A  I  U  N
D  C  İ  H  A  S  E  P  P  U  J  Ç  S  Y
R  M  K  Y  A  R  A  T  I  C  I  N  S  U
C  K  T  C  R  G  A  E  M  L  O  U  M  Z
```

OTANTIK	YENI
YETENEKLI	NORMAL
AÇIKLAYICI	ÜRETKEN
YARATICI	UYKULU
DRAMATİK	GÜÇLÜ
SAĞLIKLI	GURURLU
AÇ	SORUMLU
ENTERESAN	VAHŞİ
YORGUN	TUZLU
DOĞAL	SAF

78 - Kleding

```
E L D I V E N L E R B K R I
S K A Z A K U T B T L T V G
Ş A P K A I F A L U U A V Q
N Y N I O Y M N F P Z F C D
H O V D K P K P İ J A M A I
F P C I A E Y S E Q I H Y I
F A U A P L E Ş A R P M A P
U N F B I L E Z I K N O K K
R T P Y P G T Y O I D K E
Ç O R A P J Ö E O L J A A K
E L B I S E M T M Y I R B E
Y O M F V Y L E P E K V I M
Ö N L Ü K C E K E T M O F E
K U A T D N K R N M F A T R
```

BILEZIK	PIJAMA
BLUZ	KEMER
PANTOLON	ETEK
ELDIVENLER	SANDALET
ŞAPKA	AYAKKABI
CEKET	ÖNLÜK
KOT	GÖMLEK
ELBISE	EŞARP
KOLYE	ÇORAP
MODA	KAZAK

79 - Vliegtuigen

```
T  C  Y  D  K  B  G  T  A  S  A  R  I  M
B  A  L  O  N  A  H  Ö  Y  Ö  N  R  P  L
N  R  R  G  H  Ş  A  Z  K  B  S  M  Z  H
P  H  E  İ  F  L  V  J  P  Y  A  P  I  N
S  A  A  R  H  A  A  F  S  F  Ü  U  G  A
Y  M  Ü  R  E  T  T  E  B  A  T  Z  D  T
O  Ü  V  C  F  M  O  T  O  R  K  Q  Ü  M
L  K  K  T  Z  A  P  E  R  V  A  N  E  O
C  B  B  S  O  K  Y  A  K  I  T  Z  J  S
U  A  O  F  E  P  P  M  A  C  E  R  A  F
B  R  S  T  F  K  İ  A  K  H  R  P  K  E
I  T  Ü  R  B  Ü  L  A  N  S  K  K  K  R
Q  K  E  L  K  O  O  I  N  I  Ş  Y  O  T
J  R  H  C  L  T  T  A  K  C  A  T  M  P
```

INIŞ	BAŞLATMAK
ATMOSFER	HAVA
MACERA	MOTOR
BALON	TASARIM
MÜRETTEBAT	YOLCU
YAPI	PİLOT
YAKIT	PERVANE
TARIH	YÖN
GÖKYÜZÜ	TÜRBÜLANS
YÜKSEKLIK	

80 - Herbalisme

R	E	Z	E	N	E	B	A	F	A	S	M	J	T
V	N	O	T	J	D	E	R	E	O	T	U	T	C
V	U	F	D	U	M	A	O	S	M	M	T	A	I
V	J	T	P	Q	Q	F	M	L	E	A	F	R	B
S	K	İ	Ş	N	İ	Ş	A	E	R	Y	A	H	İ
A	S	R	O	S	B	S	T	Ğ	C	D	K	U	B
F	L	A	H	I	F	A	İ	E	A	A	G	N	E
R	E	A	R	C	V	A	K	N	N	N	K	H	R
A	Z	Y	V	I	Ç	E	R	I	K	O	E	L	İ
N	Z	P	E	A	M	J	Y	E	Ö	Z	K	J	Y
S	E	R	C	Ş	N	S	I	M	Ş	G	İ	I	E
L	T	N	L	C	I	T	A	R	K	Q	K	Y	H
Ç	I	Ç	E	K	F	L	A	K	P	D	B	K	D
B	A	H	Ç	E	K	A	L	I	T	E	Z	F	I

AROMATİK
FESLEĞEN
ÇİÇEK
MUTFAK
DEREOTU
TARHUN
YEŞIL
IÇERIK
SARIMSAK
KİŞNİŞ

KALITE
LAVANTA
MERCANKÖŞK
MAYDANOZ
BİBERİYE
SAFRAN
LEZZET
KEKİK
BAHÇE
REZENE

81 - Piraten

```
P  L  A  J  Ç  K  A  P  T  A  N  I  M  P
I  D  S  N  H  A  B  D  B  L  P  M  Ü  A
A  H  O  A  C  Y  P  H  A  T  D  M  R  P
M  A  C  E  R  A  Z  A  Y  I  G  D  E  A
F  E  E  J  E  L  V  E  R  N  L  P  T  Ğ
R  N  Z  N  R  F  F  Y  A  J  T  K  T  A
S  J  R  V  C  L  S  Y  K  Ö  T  Ü  E  N
O  P  T  R  O  M  H  A  R  İ  T  A  B  Q
G  G  N  C  K  A  A  R  N  O  E  C  A  N
S  R  J  I  Y  Ğ  Z  A  S  E  H  F  T  Q
I  Y  C  I  A  A  I  İ  S  D  L  R  I  V
F  D  I  N  N  R  N  Z  K  K  I  L  I  Ç
R  L  Z  Z  U  A  E  İ  T  D  K  S  D  A
K  F  P  U  S  U  L  A  I  R  E  Q  D  V
```

ÇAPA	EFSANE
MACERA	YARA İZİ
MÜRETTEBAT	OKYANUS
ADA	PAPAĞAN
TEHLIKE	ROM
ALTIN	HAZINE
MAĞARA	KÖTÜ
HARİTA	PLAJ
KAPTAN	BAYRAK
PUSULA	KILIÇ

82 - Om in te Vullen

```
K  S  H  U  O  V  Ş  V  F  H  M  V  K  Z
A  A  J  K  L  U  I  T  U  F  L  S  O  O
R  N  V  L  Z  E  Ş  Ü  I  Y  S  E  V  C
T  D  A  A  Z  T  E  P  S  I  B  P  A  C
O  I  Z  S  N  Ç  E  K  M  E  C  E  O  Z
N  K  O  Ö  V  O  Q  R  D  K  U  T  U  B
P  G  H  R  G  I  Z  P  P  Q  M  T  A  A
B  V  B  E  D  O  Ç  A  N  T  A  S  K  V
H  R  S  U  V  L  S  K  R  G  C  B  S  U
E  A  Z  K  E  N  N  E  E  F  C  Q  G  L
Z  S  V  G  Q  D  Y  T  F  O  P  S  M  F
A  L  T  Z  B  A  F  V  N  S  A  Z  H  I
I  A  M  J  A  R  U  V  Q  H  O  N  M  Ç
K  L  H  O  V  B  M  L  E  T  E  R  Q  I
```

HAVZA	SANDIK
TÜP	ÇEKMECE
TEPSI	SEPET
KUTU	KLASÖR
KOVA	PAKET
ZARF	KAVANOZ
ŞIŞE	VAZO
KARTON	FIÇI
BAVUL	ÇANTA

83 - Surfen

```
H R S M I D E E A C E M I R
I S E H N C F Ğ J H C S J I
Z U F S K Y B L M P A I Z S
O Q E H İ Y C E U Y D T M P
R U A L E F D N S T H D B D
P O P Ü L E R C P E G F P S
Ş A K T H B A E K U V V E T
A Ş Ö Y D T L B T I Q T A A
M I P A A N L N B O P O B R
P R Ü T L N C K D M H L I Z
İ I K L G H U V R O L V A Z
Y Z A E A A V S P R E Y A J
O D U T R V I D J K G R A U
N K K T U A D P M D P B L F
```

ATLET	POPÜLER
ACEMI	RESİF
AŞIRI	KÖPÜK
DALGA	HIZ
ŞAMPİYON	SPREY
KUVVET	TARZ
MIDE	PLAJ
OKYANUS	HAVA
EĞLENCE	

84 - Rijden

```
K  B  G  J  I  Z  R  P  G  V  U  M  Q  C
T  A  R  A  B  A  T  E  H  L  I  K  E  M
R  Ü  M  O  T  O  R  T  I  F  F  C  M  O
J  D  N  Y  A  Y  A  I  Z  P  R  C  N  H
R  Z  J  E  O  S  F  H  T  C  E  T  İ  D
O  I  Q  H  L  N  İ  A  U  F  N  G  Y  L
T  F  M  Y  S  G  K  R  O  J  L  J  E  A
S  V  M  O  T  O  S  İ  K  L  E  T  T  L
C  G  Y  L  B  U  K  T  J  O  R  E  G  İ
Y  A  K  I  T  N  B  A  Y  P  O  L  İ  S
G  R  B  K  G  V  N  T  K  I  R  S  V  A
A  A  K  A  Z  A  J  C  N  N  F  A  G  N
Z  J  T  L  G  G  Q  J  A  C  J  J  O  S
S  B  C  S  S  V  B  C  Y  H  E  F  Y  O
```

ARABA	POLİS
YAKIT	FRENLER
GARAJ	HIZ
GAZ	SOKAK
TEHLIKE	TÜNEL
HARİTA	EMNİYET
LİSANS	TRAFİK
MOTOR	YAYA
MOTOSİKLET	KAMYON
KAZA	YOL

85 - Wetenschap

```
Z  V  B  H  İ  P  O  T  E  Z  D  M  E  G
G  Y  B  İ  T  K  İ  L  E  R  A  F  S  U
E  Ö  V  K  I  P  L  F  İ  Z  İ  K  P  B
V  O  Z  E  R  O  K  I  M  Y  A  S  A  L
R  O  A  L  R  R  P  N  M  Z  R  C  R  O
I  Y  L  T  E  I  S  D  V  I  P  F  Ç  R
M  O  Y  D  B  M  D  O  Ğ  A  N  O  A  G
O  L  Ö  Y  E  R  Ç  E  K  İ  M  İ  C  A
L  K  N  F  Z  A  V  B  P  R  D  G  I  N
E  A  T  O  M  U  A  J  H  O  E  N  K  İ
K  Z  E  S  G  E  R  Ç  E  K  N  V  L  Z
Ü  O  M  İ  N  E  R  A  L  L  E  R  A  M
L  F  N  L  I  F  J  L  Z  B  Y  N  R  A
L  A  B  O  R  A  T  U  V  A  R  S  N  J
```

ATOM	LABORATUVAR
KIMYASAL	YÖNTEM
PARÇACIKLAR	MİNERALLER
EVRIM	MOLEKÜL
DENEY	DOĞA
GERÇEK	FİZİK
FOSİL	GÖZLEM
VERI	ORGANİZMA
HIPOTEZ	BİTKİLER
IKLIM	YERÇEKİMİ

86 - Badkamer

```
K  S  C  D  U  Ş  A  M  P  U  A  N  U  F
C  İ  D  O  B  A  B  U  H  A  R  D  Q  G
I  N  L  L  R  O  T  S  U  I  U  S  U  V
Q  S  S  İ  A  Z  U  L  H  A  V  L  U  M
H  R  Y  L  M  P  V  U  O  S  A  B  U  N
P  D  P  F  S  M  A  K  A  S  Y  F  Z  Y
P  A  R  F  Ü  M  L  M  Y  Y  Y  Z  B  I
S  Ü  N  G  E  R  E  B  F  M  N  O  A  Z
F  Y  C  Q  Z  E  T  F  S  N  H  A  N  O
R  Z  I  E  D  I  Y  J  M  I  Y  P  Y  Z
L  S  G  U  L  C  L  A  A  G  B  A  O  U
Y  R  Y  L  L  G  I  E  N  L  I  T  S  Q
M  G  A  M  D  A  G  L  D  Y  T  Z  U  M
I  R  Q  K  E  Z  Y  G  O  H  V  R  U  U
```

BANYO
DUŞ
HAVLU
MUSLUK
LOSYON
PARFÜM
MAKAS
ŞAMPUAN

AYNA
SÜNGER
BUHAR
KİLİM
SU
TUVALET
SABUN

87 - Hulpmiddelen

```
C  M  Y  Y  D  T  A  Y  T  C  H  K  B  V
S  V  Y  N  B  O  U  R  U  P  V  E  A  B
Y  E  E  I  V  A  B  M  T  T  O  A  L  Z
O  N  I  R  I  I  F  C  K  E  J  C  T  I
U  H  O  C  Q  C  P  M  A  K  A  S  A  M
M  E  R  D  I  V  E  N  L  E  F  E  J  B
D  M  V  O  K  H  N  T  Q  R  Y  G  N  A
E  H  V  Z  D  Y  S  L  V  L  J  Z  Z  V
A  T  B  B  D  M  E  R  I  E  İ  Z  I  D
N  I  K  Y  I  Z  O  U  D  K  L  R  Z  A
R  Z  N  A  P  Ç  U  R  A  I  E  M  I  Z
M  Y  P  V  B  Q  A  K  G  N  T  U  O  R
Ç  E  K  I  Ç  L  U  K  Ü  R  E  K  G  I
M  E  Ş  A  L  E  O  R  C  N  F  Z  G  P
```

BALTA	ZIMBA
MEŞALE	MAKAS
ÇEKIÇ	JİLET
CETVEL	KÜREK
KABLO	VIDA
MERDIVEN	PENSE
TUTKAL	IP
BIÇAK	TEKERLEK

88 - Speelgoed

```
L F H A K B G T Q P C H H O
D F Z Z İ I U Ç A K O Q A Y
Y A I N T S O L A A U J Y U
T V V Z A I B A M S E Z A N
J O G U P K O C V A V Y L C
F R N O L L T O P T C K G A
V I C Y A E D O Q R N A Ü K
Q U Ç U R T M A F A H M C B
N J N N O K T E A N Y Y Ü E
M B J L B I I B U Ç Z O Q B
H P A A O L A R A B A N R E
A I U R T R E N D F B E F K
G Q K B U T R N T H H C Z N
J I R E G N G D G U N B F V
```

ARABA
TOP
KİTAPLAR
BOT
DAVUL
FAVORI
BISIKLET
OYUNLAR
KIL

OYUNCAK BEBEK
BULMACA
ROBOT
SATRANÇ
TREN
HAYAL GÜCÜ
UÇURTMA
UÇAK
KAMYON

89 - Muziekinstrumenten

```
Q R M U F H K T R F A B M H
L Z B M O V L V D E D V A P
T F H O B U A M I P V S N C
R D L K L R R H E J S A D N
O S T Ü G M N E R F M K O M
M U Z R T A E B T A V S L R
P P E P O G T A J T F A İ T
E L N İ E M L N J I P F N M
T J K Y A P B Ç E L L O G A
M F D A V U L O P G O N G R
M A Y N F U J A N A S D İ İ
M A R O R K E M A N P G T M
I C T P V M J G H H N E A B
T E F A G O T J Y O F F R A
```

BANÇO	MARİMBA
ÇELLO	VURMA
FAGOT	PİYANO
FLÜT	SAKSAFON
GİTAR	TEF
GONG	TROMBON
ARP	DAVUL
OBUA	TROMPET
KLARNET	KEMAN
MANDOLİN	

90 - Activiteiten en Vrije Ti

```
P  S  Ö  R  F  H  Q  E  K  B  E  L  S  R
R  A  K  Y  I  K  L  B  G  O  L  F  E  A
Y  N  Y  Ü  R  Ü  Y  Ü  Ş  K  Y  H  Y  H
Ü  A  H  O  B  İ  L  E  R  S  I  L  A  A
Z  T  C  T  Z  U  G  R  J  U  L  I  H  T
M  E  J  J  E  C  C  D  A  P  V  U  A  L
E  V  T  L  N  N  D  Y  L  E  S  V  T  A
F  U  T  B  O  L  İ  A  N  R  F  O  E  T
G  I  H  B  T  S  R  S  L  R  Y  L  T  I
B  E  Y  Z  B  O  L  A  D  I  I  E  M  C
B  A  S  K  E  T  B  O  L  I  Ş  Y  E  I
B  O  Y  A  M  A  P  N  V  D  F  B  K  B
B  A  H  Ç  I  V  A  N  L  I  K  O  N  Y
V  A  L  S  B  A  L  I  K  Ç  I  L  I  K
```

BASKETBOL
BOKS
DALIŞ
GOLF
BALIKÇILIK
HOBİLER
BEYZBOL
SANAT
RAHATLATICI

SEYAHAT ETMEK
BOYAMA
SÖRF
TENİS
BAHÇIVANLIK
FUTBOL
VOLEYBOL
YÜRÜYÜŞ
YÜZME

91 - Water

```
K  D  U  Ş  E  D  K  B  K  I  Q  B  L  Z
G  A  Y  Z  E  R  D  U  V  L  U  U  U  J
Ö  L  B  Q  D  E  B  R  M  V  B  H  R  Y
L  G  P  Y  H  Z  Z  M  Q  O  G  A  H  C
K  A  N  A  L  H  G  D  A  V  T  R  I  U
A  L  U  I  A  U  C  T  V  D  F  P  G  Q
U  A  K  A  S  I  R  G  A  P  H  V  T  U
Z  R  J  L  K  C  M  C  M  O  O  B  P  V
D  G  S  S  Y  A  Ğ  M  U  R  O  D  O  Y
A  K  C  M  U  S  O  N  K  N  S  O  L  Z
B  U  H  A  R  L  A  Ş  M  A  E  N  I  F
C  U  K  O  K  Y  A  N  U  S  L  M  I  F
Z  A  Z  N  A  C  C  M  N  E  H  I  R  D
O  Z  C  G  R  B  L  L  A  Q  B  V  S  T
```

DUŞ	KASIRGA
GAYZER	SEL
DALGALAR	YAĞMUR
BUZ	NEHIR
SULAMA	KAR
KANAL	BUHAR
GÖL	BUHARLAŞMA
MUSON	NEM
OKYANUS	DON

92 - Schaken

```
Y  A  R  I  Ş  M  A  Ş  K  S  Q  H  Z  T
S  U  T  D  G  K  R  A  L  I  Ç  E  O  U
Y  A  R  M  T  S  Ö  M  C  Y  A  N  R  R
D  P  R  Z  H  B  Ğ  P  F  A  U  Y  L  N
R  A  K  I  P  H  R  İ  A  H  Y  N  U  U
N  E  K  O  U  V  E  Y  O  S  D  C  K  V
D  U  L  R  D  K  N  O  U  Y  I  O  L  A
B  I  M  E  C  R  M  N  N  J  U  F  A  H
A  E  J  R  K  A  E  T  S  R  J  N  R  U
S  O  Y  U  N  L  K  Ü  S  E  N  Z  C  F
Y  B  Ç  A  P  R  A  Z  A  M  A  N  R  U
M  P  M  G  Z  F  F  Ü  A  S  A  J  E  N
V  Q  G  D  U  E  V  K  U  R  B  A  N  P
I  C  T  S  T  R  A  T  E  J  İ  Z  Z  S
```

ÇAPRAZ	OYUNCU
ŞAMPİYON	STRATEJİ
KRAL	RAKIP
KRALIÇE	ZAMAN
ÖĞRENMEK	TURNUVA
KURBAN	ZORLUKLAR
PASİF	YARIŞMA
TÜZÜK	BEYAZ
OYUN	SIYAH

93 - Boerderij #1

```
E  L  O  Z  F  T  H  R  A  S  U  Y  H  I
K  A  R  G  A  O  Y  Y  C  Z  C  Y  H  Y
Ö  T  E  F  R  H  A  M  M  J  S  Q  C  U
P  N  Ş  J  I  U  F  R  D  F  C  K  I  U
E  H  E  E  R  M  L  K  S  U  B  J  G  L
K  J  K  E  D  İ  G  Q  A  Ü  C  T  A  R
E  N  N  I  P  Z  S  R  M  M  R  O  P  S
Ç  B  A  L  J  I  M  C  A  L  A  Ü  F  G
I  T  A  V  U  K  R  V  N  I  Q  V  R  Ü
D  V  O  A  L  Ç  A  I  D  F  C  N  E  B
B  U  Z  A  Ğ  I  H  L  N  S  V  S  S  R
N  H  Y  S  J  T  C  M  A  Ç  U  O  H  E
T  Q  J  T  F  V  V  G  İ  N  E  K  Q  G
T  A  R  I  M  P  J  Z  G  G  N  Z  F  E
```

ARI	İNEK
EŞEK	KARGA
KEÇI	SÜRÜ
ÇIT	TARIM
KÖPEK	GÜBRE
BAL	AT
SAMAN	PIRINÇ
BUZAĞI	ALAN
KEDİ	SU
TAVUK	TOHUM

94 - Huis

```
M E C S V G I B G T Ç A T I
C U Q G Ü O D A A Ş I A A D
R F T K A P I C R Ö T H V U
T P V F J B Ü A A M U F A Ş
D G B M A E S R J İ Z A N T
B U K D N K B K G N L Y V K
O G V B A H Ç E F E A Y N A
D E Y A T A K O D A S I G C
R Q A K R K Ü T Ü P H A N E
U B A P P İ I U N E N H I B
M Q B H K L A M B A O J S I
Z H P F V İ T A H D G T I M
V C Z C Z M O B I L Y A N Z
Q R I H U I K Y K T M Z I R
```

SÜPÜRGE	MUTFAK
KÜTÜPHANE	LAMBA
ÇATI	MOBILYA
KAPI	DUVAR
DUŞ	TAVAN
GARAJ	BACA
ŞÖMİNE	YATAK ODASI
ÇIT	AYNA
ODA	KİLİM
BODRUM	BAHÇE

95 - Kleuren

```
Z  P  T  O  V  L  T  C  P  I  T  V  K  F
P  I  F  N  O  G  N  A  S  E  P  Y  A  U
T  U  K  M  A  V  I  M  A  S  M  R  H  Ş
G  U  I  O  Z  S  F  G  R  R  R  B  V  Y
O  P  R  R  P  Z  M  Ö  I  M  N  E  E  A
G  C  M  U  J  Z  F  B  P  C  D  Y  R  Z
N  C  I  K  N  T  Z  E  B  E  J  A  E  R
E  P  Z  N  G  C  A  Ğ  G  B  Q  Z  N  J
Y  P  I  H  F  Z  U  I  Y  M  G  A  G  V
Y  E  Ş  I  L  S  I  Y  A  H  G  U  I  U
K  O  R  B  G  G  A  N  I  H  P  B  P  K
A  R  S  M  B  R  S  F  A  B  B  D  Q  U
D  E  Z  A  Q  J  I  U  L  M  F  L  N  Q
D  D  S  B  A  E  B  F  Y  F  B  F  I  B
```

BEJ	TURUNCU
MAVI	MOR
KAHVERENGI	KIRMIZI
CAMGÖBEĞI	PEMBE
FUŞYA	SEPYA
SARI	BEYAZ
GRI	SIYAH
YEŞIL	

96 - Verjaardag

```
M  K  M  B  R  B  Q  R  T  O  B  A  Ö  Y
U  N  G  R  B  Y  S  Y  L  M  Y  R  Ğ  V
T  S  R  D  Ö  M  U  M  L  A  R  K  R  L
L  B  T  T  Z  Z  A  M  A  N  B  A  E  P
U  T  A  R  A  F  E  Y  I  L  I  D  N  V
C  F  Ş  A  R  K  I  L  D  O  L  A  M  U
K  K  A  R  T  Y  Z  U  O  C  G  Ş  E  J
K  U  T  L  A  M  A  D  Ğ  V  E  L  K  F
N  A  Q  Q  T  N  N  E  M  N  L  A  C  A
E  Q  G  Z  E  A  G  T  U  N  I  R  P  A
Ş  F  G  Ü  N  P  K  V  Ş  U  K  K  H  Z
E  Ğ  L  E  N  C  E  V  H  E  D  I  Y  E
L  P  K  L  N  F  K  N  I  S  I  E  B  L
I  L  B  U  O  Ç  U  F  R  M  H  Z  H  F
```

NEŞELI
KEK
GÜN
DOĞMUŞ
MUTLU
HEDIYE
YIL
GENÇ
MUMLAR
KART

TAKVIM
ÖĞRENMEK
ŞARKI
TARAF
EĞLENCE
ÖZEL
ZAMAN
KUTLAMA
ARKADAŞLAR
BILGELIK

97 - Getallen

```
Q B O N S E K I Z O N I K I
H R N Y E D İ B F Q P V O M
B A A R K Y O N Ü Ç P R N U
D N L H İ S B N L Q V Q Y N
Ö D T T Z U E P D C L 2 E Q
R S I B I V Ş I C Ö D M D D
T E I I Y O Y T R G R A I O
G K H R O N D O K U Z T P K
S F L Z P H S E G F B E Y U
Z I Y İ R M İ Z D E F M E Z
Z N F C B C E T T A A S B
P T R I F N N P O H I T F N
Z U O Y R N C F G I H İ Ü Ç
A O J H K P O N H V O K S Z
```

SEKİZ	YİRMİ
ONSEKIZ	ON DÖRT
ON ÜÇ	DÖRT
ÜÇ	BEŞ
BIR	MATEMATİK
DOKUZ	ALTI
ON DOKUZ	ON ALTI
SIFIR	YEDİ
ON	ON YEDI
ON IKI	

98 - Boerderij #2

```
F  L  Z  C  T  R  B  A  H  Ç  E  B  O  D
K  U  Z  U  O  J  U  R  A  H  I  R  E  F
M  E  Y  V  E  I  Ğ  P  Y  I  J  H  N  T
J  C  F  E  P  D  D  A  V  D  O  Y  V  I
Z  Z  F  Q  V  G  A  Ç  A  Y  I  R  I  U
Ç  I  F  T  Ç  I  Y  M  N  Z  G  H  B  Ç
M  C  V  Ö  R  D  E  K  L  L  S  V  N  O
S  I  P  H  L  A  M  A  A  S  F  G  F  B
E  U  S  Z  Q  Y  K  I  R  M  B  H  M  A
B  L  L  I  J  C  O  T  T  R  Z  L  Q  N
Z  P  D  A  R  I  Y  M  Ö  M  E  A  A  C
E  V  R  M  M  K  U  R  M  R  A  Q  Q  V
K  O  V  A  N  A  N  V  Y  S  Ü  T  T  Q
Y  E  L  K  Z  S  R  Q  P  Q  P  L  Z  M
```

KOVAN	KUZU
ÇIFTÇI	LAMA
BAHÇE	MISIR
HAYVANLAR	SÜT
ÖRDEK	KOYUN
MEYVE	AHIR
ARPA	BUĞDAY
SEBZE	TRAKTÖR
ÇOBAN	GIDA
SULAMA	ÇAYIR

99 - Voeding

```
I  O  A  V  S  A  Ğ  L  I  K  L  I  M  B
Ş  Q  Ğ  Y  İ  O  F  O  D  D  L  T  V  E
T  F  I  Q  F  T  S  L  E  İ  L  E  D  S
A  L  R  O  R  L  A  C  I  Y  E  T  I  İ
H  T  L  Q  N  D  D  M  K  E  O  K  K  N
U  O  I  K  A  L  O  R  İ  T  H  B  A  L
F  K  K  D  U  Q  E  D  E  N  G  E  L  I
F  S  A  Ğ  L  I  K  Z  O  Z  İ  S  I  P
S  İ  N  D  İ  R  İ  M  Z  J  C  I  T  R
I  N  B  A  H  A  R  A  T  E  Y  V  E  O
B  I  Y  N  V  G  P  B  E  K  T  I  Z  T
Y  E  N  I  L  E  B  I  L  I  R  L  U  E
F  E  Q  Q  A  D  C  P  T  J  U  A  U  İ
U  F  D  Z  H  O  M  Y  A  U  Z  R  J  N
```

ACI
KALORİ
DIYET
YENILEBİLIR
IŞTAH
PROTEİN
DENGELI
AĞIRLIK
SAĞLIKLI
SAĞLIK

KALITE
SOS
LEZZET
BAHARAT
SİNDİRİM
TOKSİN
VİTAMİNİ
SIVILAR
BESİN

1 - Metingen

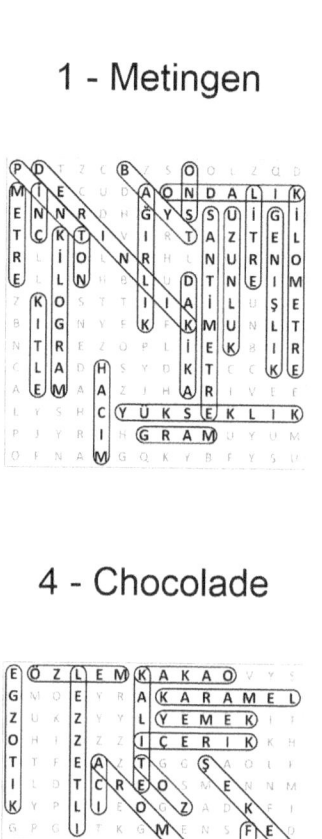

2 - Keuken

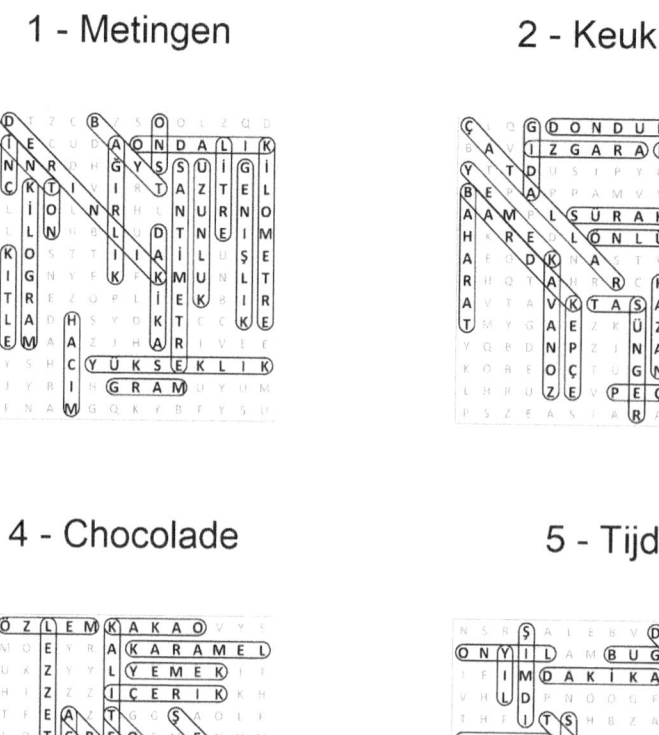

3 - Boten

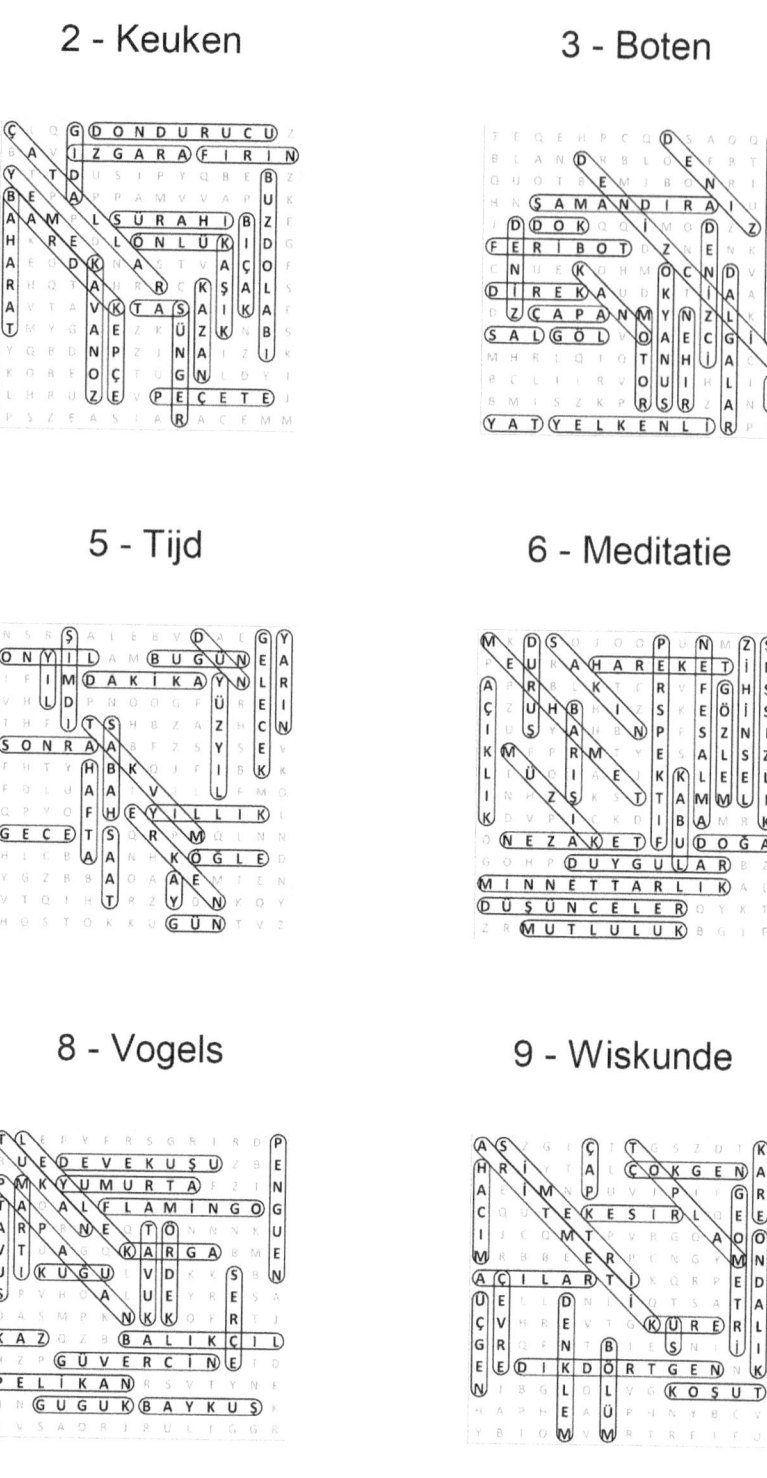

4 - Chocolade

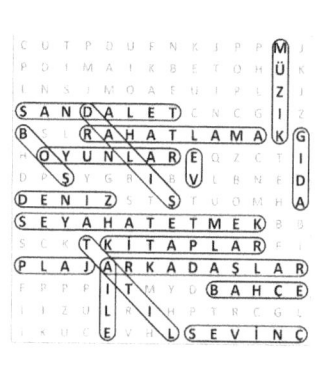

5 - Tijd

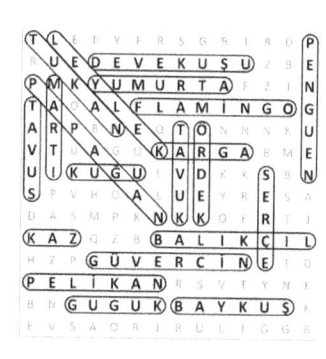

6 - Meditatie

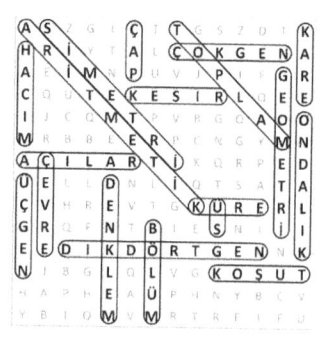

7 - Zomer

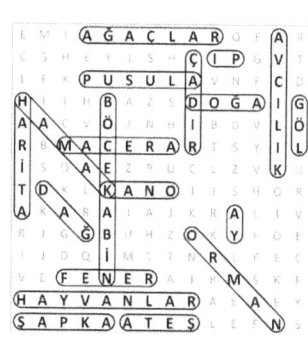

8 - Vogels

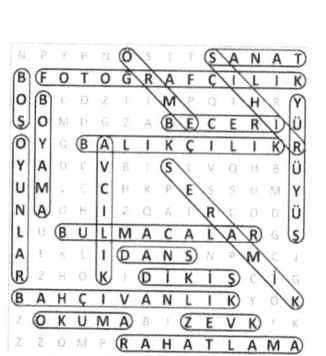

9 - Wiskunde

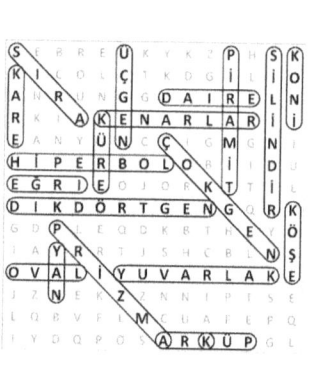

10 - Camping

11 - Activiteiten

12 - Vormen

13 - Astronomie

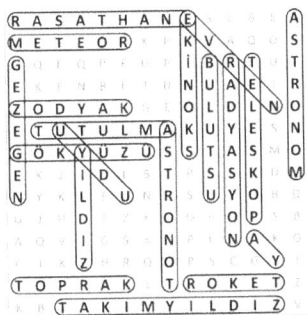

14 - Emoties

15 - Vakantie #2

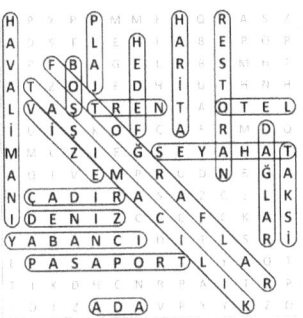

16 - Weersomstandigh

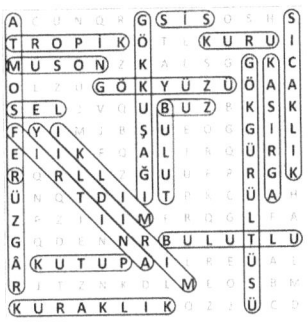

17 - Strand

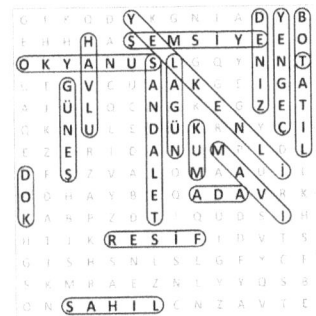

18 - Eten #2

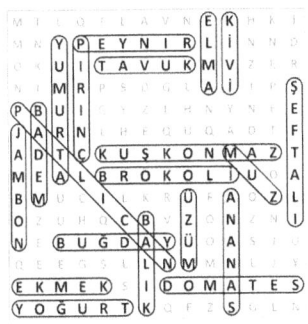

19 - Klimmen

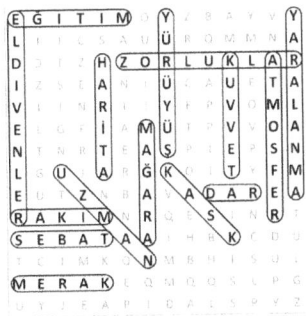

20 - Restaurant #1

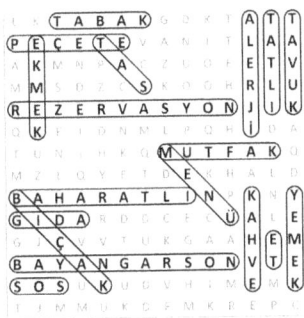

21 - Geologie

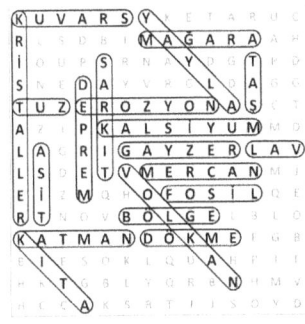

22 - Specerijen

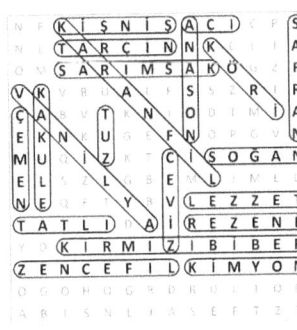

23 - Groenten

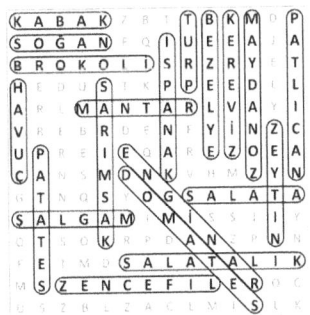

24 - Dans

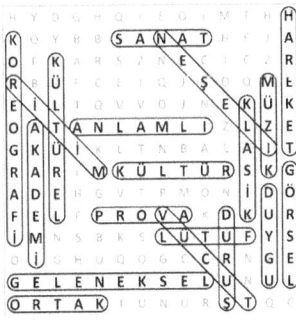

25 - Sport

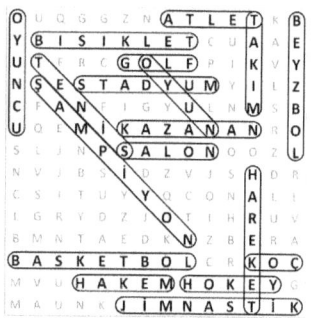

26 - Mythologie

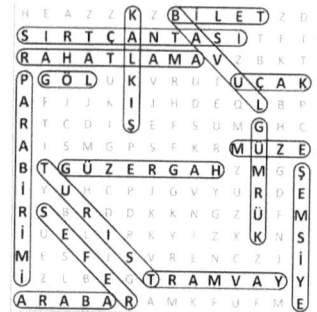

27 - Vakantie #1

28 - Eten #1

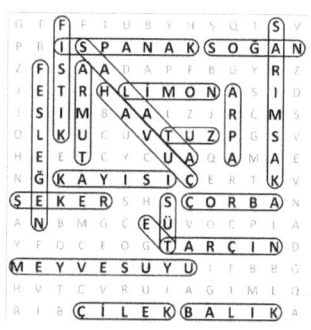

29 - Avontuur

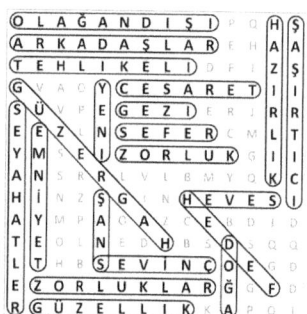

30 - Circus

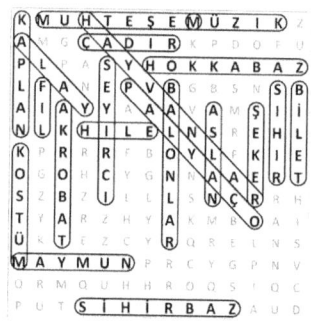

31 - Restaurant #2

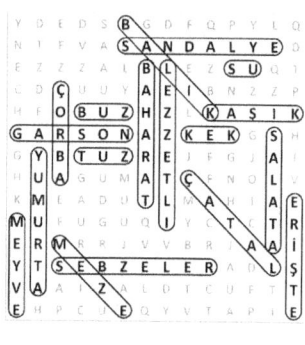

32 - Bijen

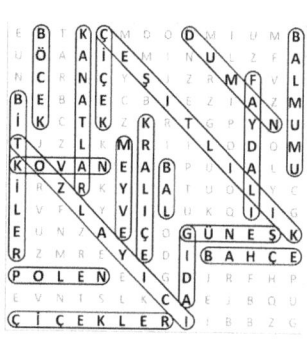

33 - School #1

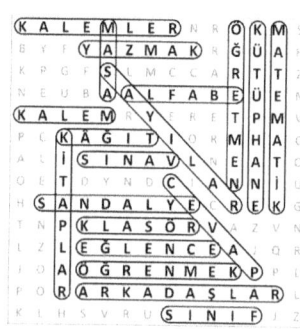

34 - Wandelen

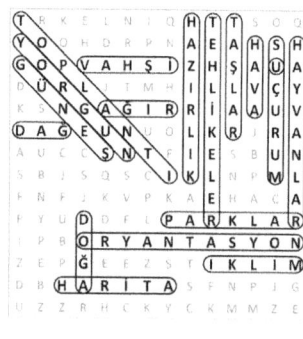

35 - Ecologie

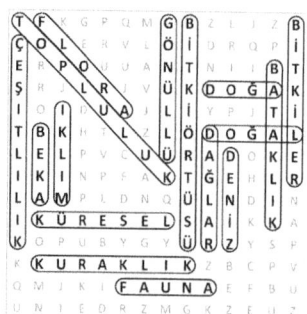

36 - Installaties

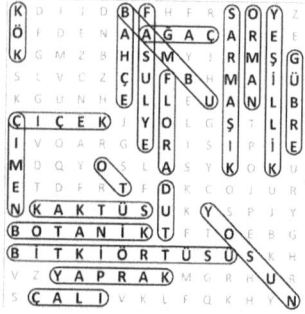

37 - School #2

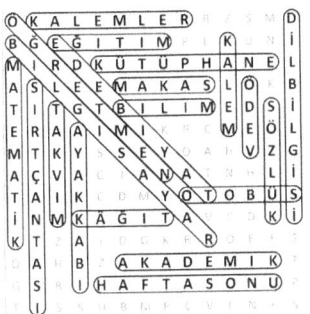

38 - Oceaan

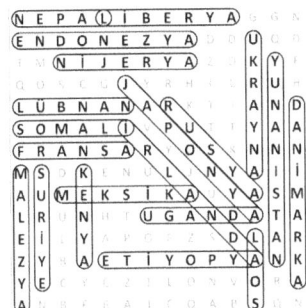

39 - Landen #2

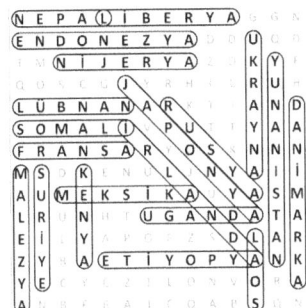

40 - Bloemen

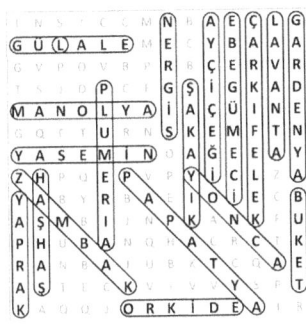

41 - Huisdieren

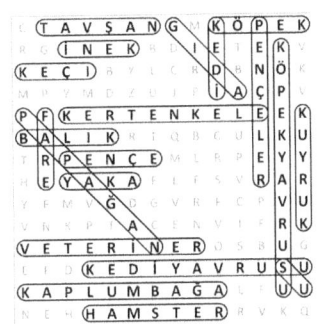

42 - Landschappen

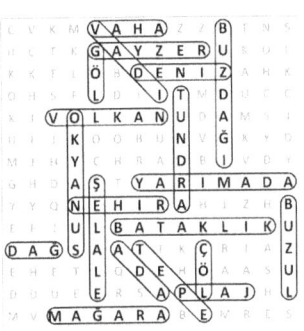

43 - Tuin

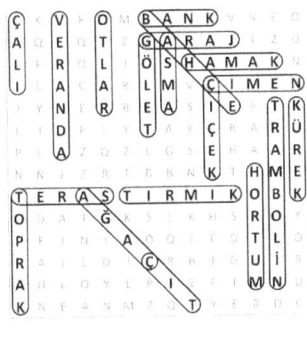

44 - Katten

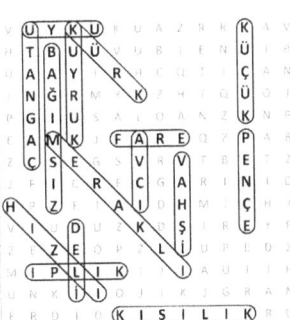

45 - Beroepen #2

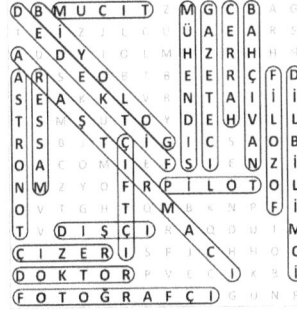

46 - Komedie

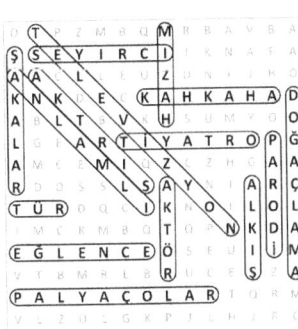

47 - Dagen en Maanden

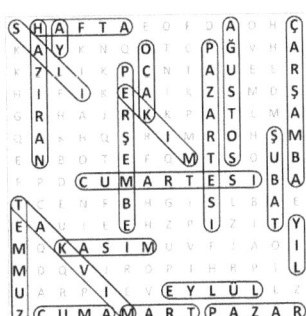

48 - Beeldende Kunsten

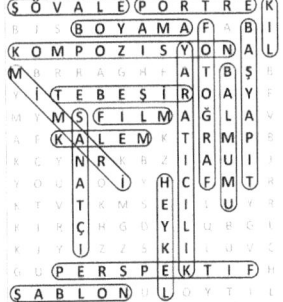

49 - Menselijk Lichaam

50 - Familie

51 - Gebouwen

52 - Beroepen #1

53 - Kastelen

54 - Insecten

55 - Antarctica

56 - Ballet

57 - Vissen

58 - Fruit

59 - Literatuur

60 - Technologie

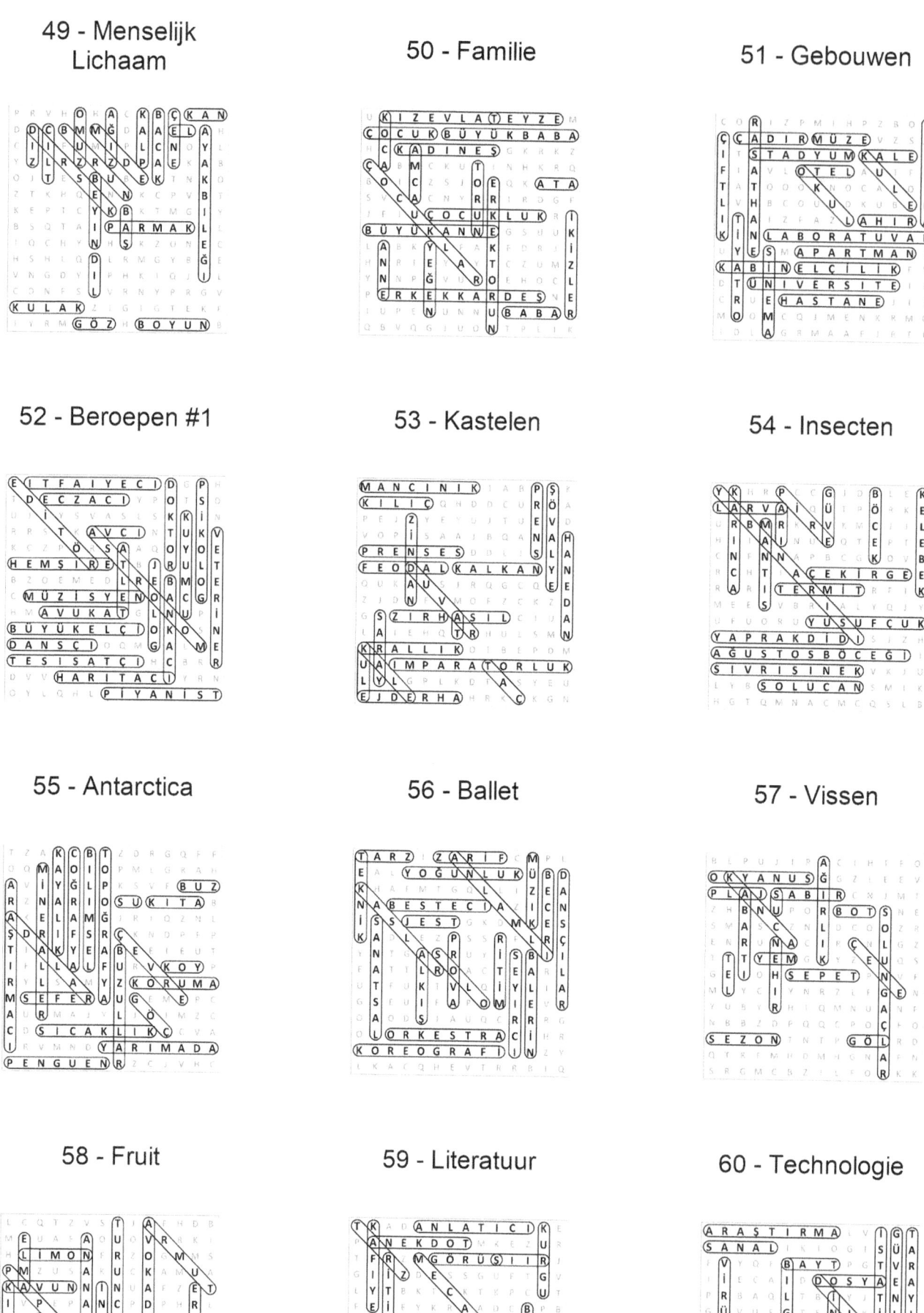

61 - Boeken

62 - Meer Informatie

63 - Regenwoud

64 - Haartypes

65 - Stad

66 - Natuur

67 - Dinosaurussen

68 - Zoogdieren

69 - 1 Jaar Geleden

70 - Kampioenschap

71 - Exploratie

72 - Voertuigen

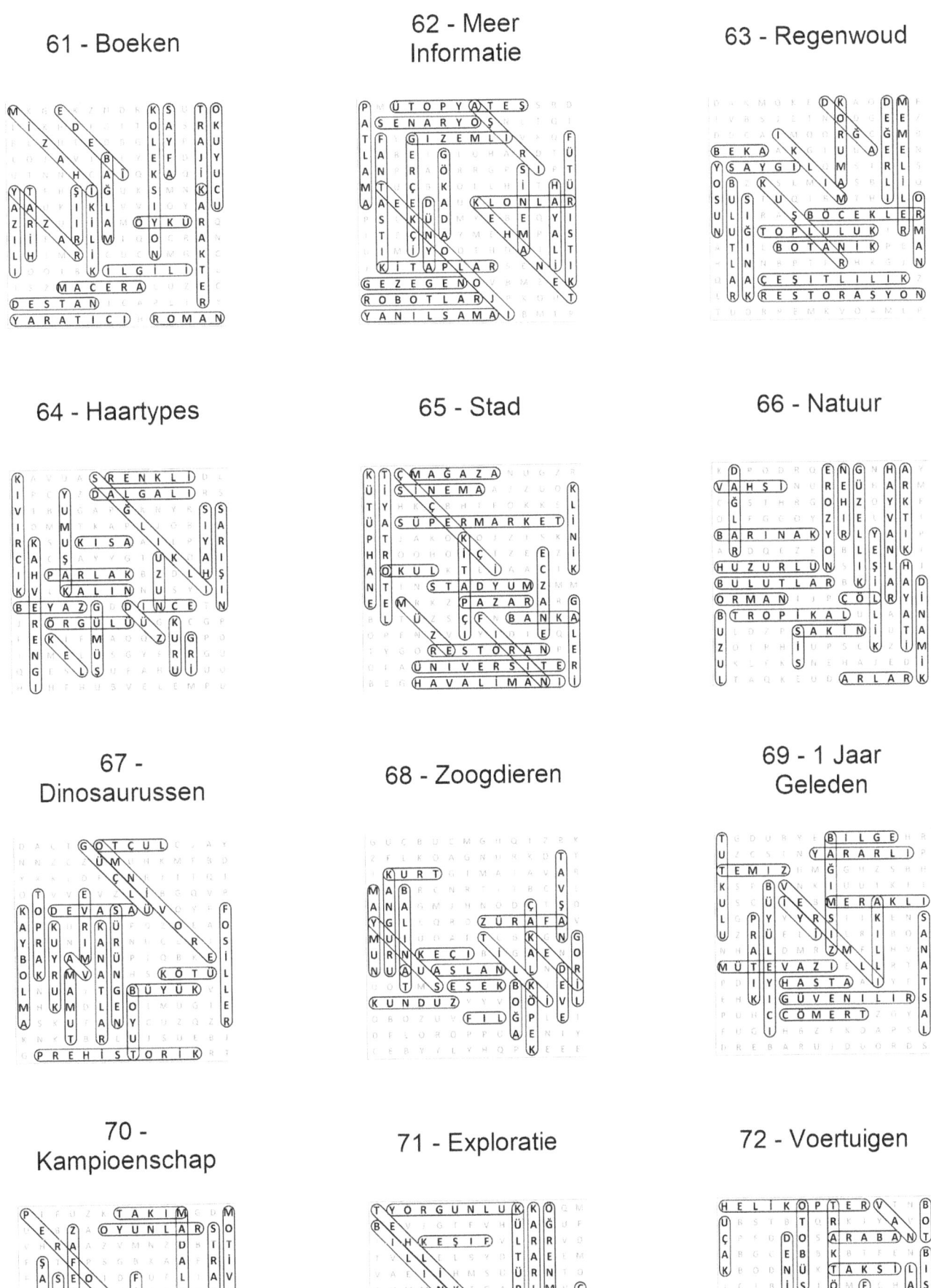

73 - Geografie

74 - Kunstbenodigdhe

75 - Barbecues

76 - Wetenschappelijk

77 - Bijvoeglijke Naamwoorden

78 - Kleding

79 - Vliegtuigen

80 - Herbalisme

81 - Piraten

82 - Om in te Vullen

83 - Surfen

84 - Rijden

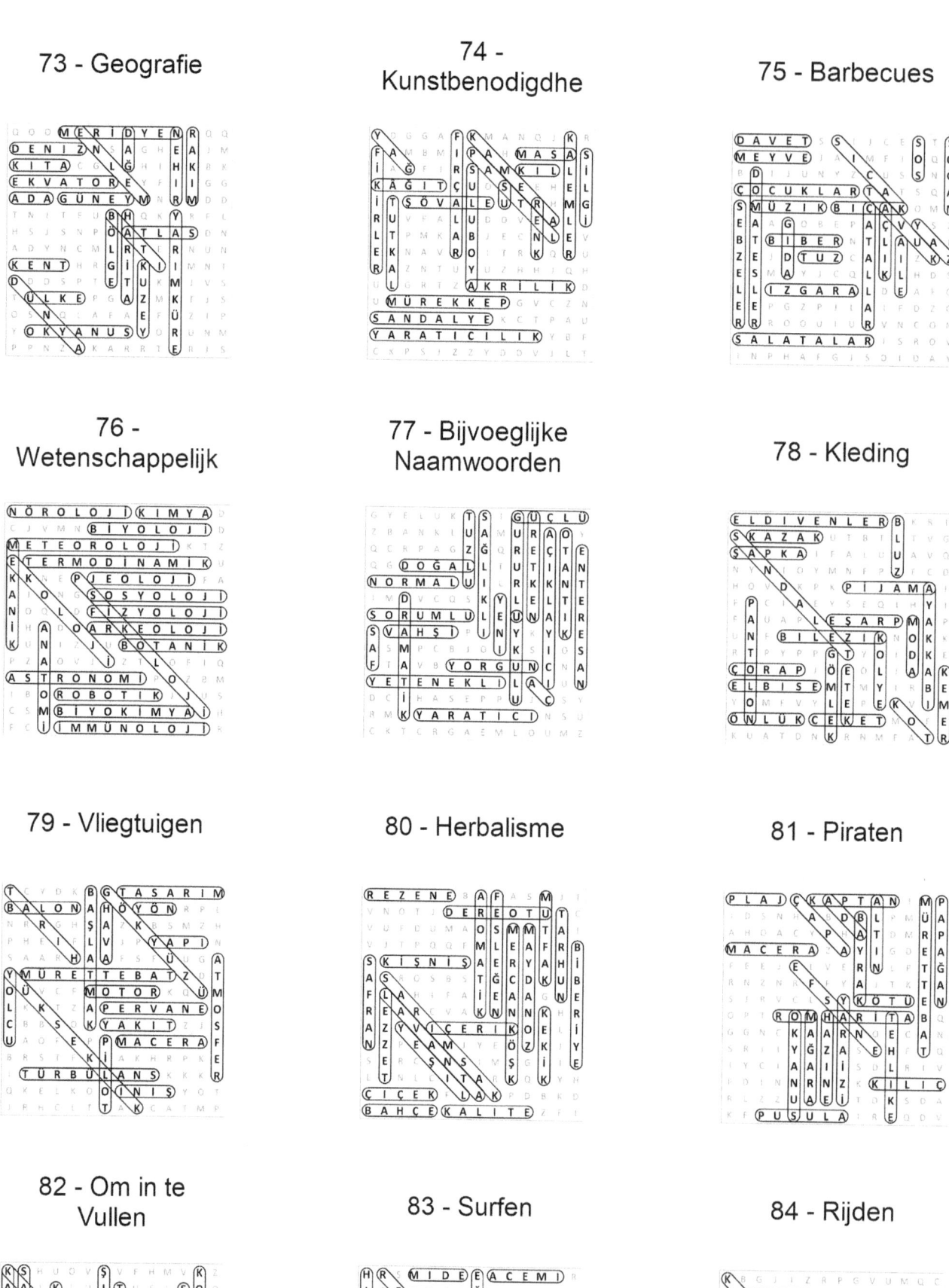

85 - Wetenschap

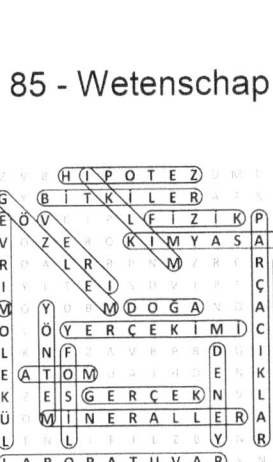

86 - Badkamer

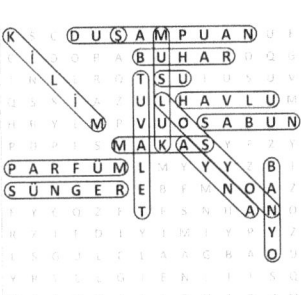

87 - Hulpmiddelen

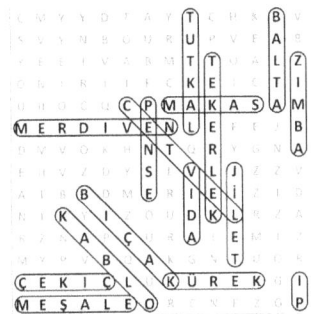

88 - Speelgoed

89 - Muziekinstrument

90 - Activiteiten en Vrije Ti

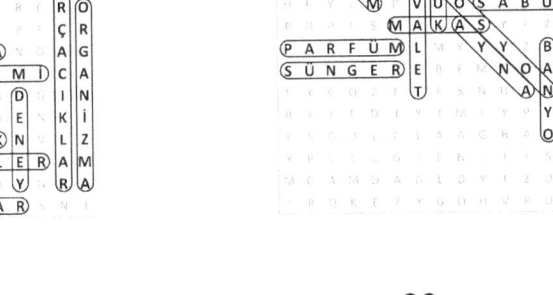

91 - Water

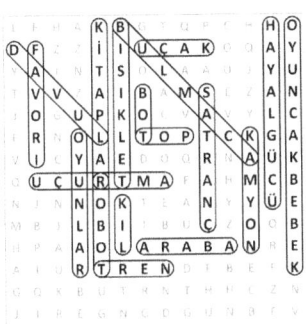

92 - Schaken

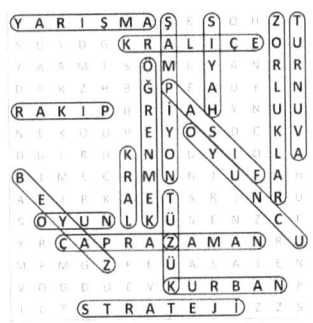

93 - Boerderij #1

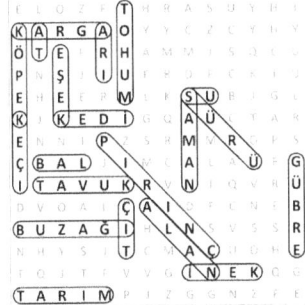

94 - Huis

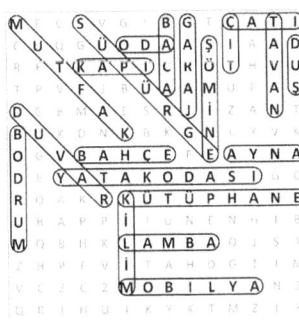

95 - Kleuren

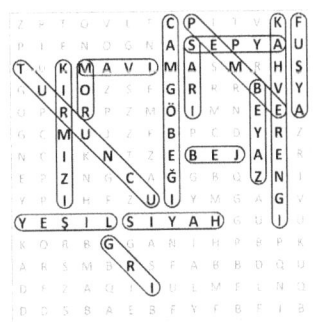

96 - Verjaardag

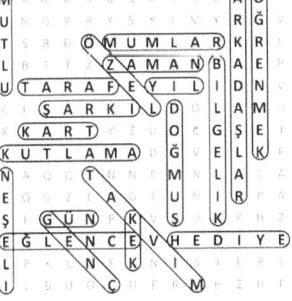

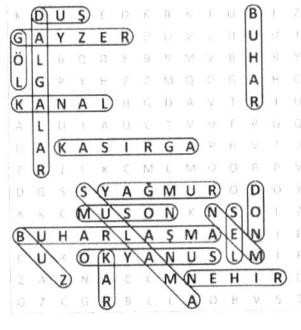

97 - Getallen

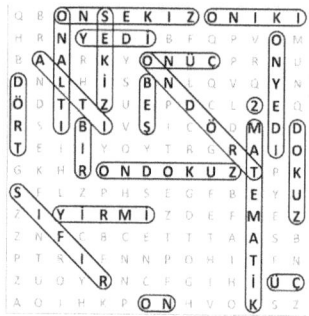

98 - Boerderij #2

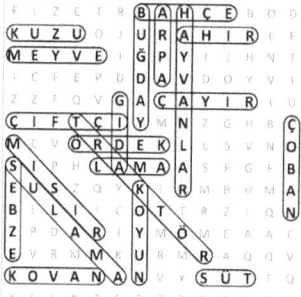

99 - Voeding

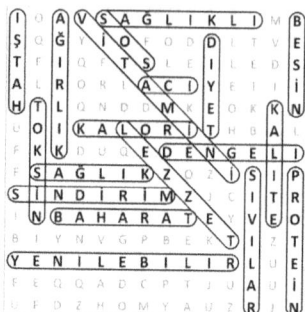

Woordenboek

1 Jaar Geleden
Erdemler #1

Artistiek	Sanatsal
Behulpzaam	Yararli
Bescheiden	Mütevazi
Betrouwbaar	Güvenilir
Charmant	Büyüleyici
Efficiënt	Verimli
Gepassioneerd	Tutkulu
Goed	İyi
Gul	Cömert
Intelligent	Akilli
Nieuwsgierig	Merakli
Onafhankelijk	Bağimsiz
Patiënt	Hasta
Praktisch	Pratik
Schoon	Temiz
Wijs	Bilge

Activiteiten
Etkinlikler

Breien	Örme
Dansen	Dans
Fotografie	Fotoğrafçilik
Games	Oyunlar
Hengelsport	Balikçilik
Jacht	Avcilik
Keramiek	Seramik
Kunst	Sanat
Lezen	Okuma
Magie	Sihir
Naaien	Dikiş
Ontspanning	Rahatlama
Plezier	Zevk
Puzzels	Bulmacalar
Schilderij	Boyama
Tuinieren	Bahçivanlik
Vaardigheid	Beceri
Vrije Tijd	Boş
Wandelen	Yürüyüş

Activiteiten en Vrije Ti
Aktiviteler ve boş Zaman

Basketbal	Basketbol
Boksen	Boks
Duiken	Daliş
Golf	Golf
Hengelsport	Balikçilik
Hobby	Hobiler
Honkbal	Beyzbol
Kunst	Sanat
Ontspannen	Rahatlatici
Reis	Seyahat Etmek
Schilderij	Boyama
Surfen	Sörf
Tennis	Tenis
Tuinieren	Bahçivanlik
Voetbal	Futbol
Volleybal	Voleybol
Wandelen	Yürüyüş
Zwemmen	Yüzme

Antarctica
Antarktika

Baai	Koy
Behoud	Koruma
Continent	Kita
Eilanden	Adalar
Expeditie	Sefer
Geografie	Coğrafya
Gletsjers	Buzullar
Ijs	Buz
Migratie	Göç
Mineralen	Mineraller
Omgeving	Çevre
Onderzoeker	Araştirmaci
Pinguïn	Penguen
Rotsachtig	Kayalik
Schiereiland	Yarimada
Temperatuur	Sicaklik
Topografie	Topoğrafya
Water	Su
Wetenschappelijk	Bilimsel
Wolken	Bulutlar

Astronomie
Astronomi

Aarde	Toprak
Astronaut	Astronot
Astronoom	Astronom
Dierenriem	Zodyak
Equinox	Ekinoks
Hemel	Gökyüzü
Maan	Ay
Meteoor	Meteor
Nevel	Bulutsu
Observatorium	Rasathane
Planeet	Gezegen
Raket	Roket
Satelliet	Uydu
Ster	Yildiz
Sterrenbeeld	Takimyildiz
Straling	Radyasyon
Telescoop	Teleskop
Universum	Evren
Verduistering	Tutulma
Zwaartekracht	Yerçekimi

Avontuur
Macera

Bestemming	Hedef
Enthousiasme	Heves
Excursie	Gezi
Gevaarlijk	Tehlikeli
Kans	Şans
Moed	Cesaret
Moeilijkheid	Zorluk
Natuur	Doğa
Navigatie	Sefer
Nieuw	Yeni
Ongewoon	Olağan Dişi
Reisplan	Güzergah
Reizen	Seyahatler
Schoonheid	Güzellik
Uitdagingen	Zorluklar
Veiligheid	Emniyet
Verrassend	Şaşirtici
Voorbereiding	Hazirlik
Vreugde	Sevinç
Vrienden	Arkadaşlar

Badkamer
Banyo

Bad	Banyo
Douche	Duş
Handdoek	Havlu
Kraan	Musluk
Lotion	Losyon
Parfum	Parfüm
Schaar	Makas
Shampoo	Şampuan
Spiegel	Ayna
Spons	Sünger
Stoom	Buhar
Tapijt	Kilim
Water	Su
Wc	Tuvalet
Zeep	Sabun

Ballet
Bale

Applaus	Alkiş
Artistiek	Sanatsal
Ballerina	Balerin
Choreografie	Koreografi
Componist	Besteci
Dansers	Dansçilar
Expressief	Anlamli
Gebaar	Jest
Intensiteit	Yoğunluk
Muziek	Müzik
Orkest	Orkestra
Publiek	Seyirci
Repetitie	Prova
Ritme	Ritim
Sierlijk	Zarif
Solo	Solo
Spieren	Kaslar
Stijl	Tarz
Techniek	Teknik
Vaardigheid	Beceri

Barbecues
Barbeküler

Familie	Aile
Fruit	Meyve
Grill	Izgara
Groente	Sebzeler
Heet	Sicak
Honger	Açlik
Kinderen	Çocuklar
Kip	Tavuk
Messen	Biçak
Muziek	Müzik
Peper	Biber
Salades	Salatalar
Saus	Sos
Tomaten	Domatesler
Uien	Soğan
Uitnodiging	Davet
Voedsel	Gida
Vorken	Çatallar
Zomer	Yaz
Zout	Tuz

Beeldende Kunsten
Görsel Sanatlar

Architectuur	Mimari
Artiest	Sanatçi
Beeldhouwwerk	Heykel
Creativiteit	Yaraticilik
Ezel	Şövale
Film	Film
Foto	Fotoğraf
Klei	Kil
Krijt	Tebeşir
Meesterwerk	Başyapit
Perspectief	Perspektif
Portret	Portre
Potlood	Kalem
Samenstelling	Kompozisyon
Schilderij	Boyama
Stencil	Şablon
Was	Balmumu

Beroepen #1
Meslekler #1

Advocaat	Avukat
Ambassadeur	Büyükelçi
Apotheker	Eczaci
Astronoom	Astronom
Atleet	Atlet
Bankier	Bankaci
Brandweerman	Itfaiyeci
Cartograaf	Haritaci
Danser	Dansçi
Dierenarts	Veteriner
Dokter	Doktor
Editor	Editör
Geoloog	Jeolog
Jager	Avci
Juwelier	Kuyumcu
Loodgieter	Tesisatçi
Muzikant	Müzisyen
Pianist	Piyanist
Psycholoog	Psikolog
Verpleegster	Hemşire

Beroepen #2
Meslekler #2

Arts	Doktor
Astronaut	Astronot
Bibliothecaris	Kütüphane
Bioloog	Biyolog
Boer	Çiftçi
Chirurg	Cerrah
Detective	Dedektif
Filosoof	Filozof
Fotograaf	Fotoğrafçi
Illustrator	Çizer
Ingenieur	Mühendis
Journalist	Gazeteci
Leraar	Öğretmen
Linguïst	Dilbilimci
Onderzoeker	Araştirmaci
Piloot	Pilot
Schilder	Ressam
Tandarts	Dişçi
Tuinman	Bahçivan
Uitvinder	Mucit

Bijen
Arılar

Bestuiver	Tozlayici
Bijenkorf	Kovan
Bloemen	Çiçekler
Bloesem	Çiçek
Diversiteit	Çeşitlilik
Ecosysteem	Ekosistem
Fruit	Meyve
Honing	Bal
Insect	Böcek
Koningin	Kraliçe
Planten	Bitkiler
Rook	Duman
Stuifmeel	Polen
Tuin	Bahçe
Vleugels	Kanatlar
Voedsel	Gida
Voordelig	Faydali
Was	Balmumu
Zon	Güneş
Zwerm	Sürü

Bijvoeglijke Naamwoorden
Sıfatlar #1

Aantrekkelijk	Çekici
Actief	Etkin
Ambitieus	Hirsli
Aromatisch	Aromatik
Artistiek	Sanatsal
Belangrijk	Önemli
Diep	Derin
Donker	Karanlik
Dun	Ince
Eerlijk	Dürüst
Exotisch	Egzotik
Identiek	Özdeş
Jong	Genç
Lang	Uzun
Langzaam	Yavaş
Modern	Modern
Onschuldig	Masum
Perfect	Kusursuz
Waardevol	Değerli
Zwaar	Ağir

Bijvoeglijke Naamwoorden
Sıfatlar #2

Authentiek	Otantik
Begaafd	Yetenekli
Beschrijvend	Açiklayici
Creatief	Yaratici
Dramatisch	Dramatik
Gezond	Sağlikli
Hongerig	Aç
Interessant	Enteresan
Moe	Yorgun
Natuurlijk	Doğal
Nieuw	Yeni
Normaal	Normal
Productief	Üretken
Slaperig	Uykulu
Sterk	Güçlü
Trots	Gururlu
Verantwoordelijk	Sorumlu
Wild	Vahşi
Zout	Tuzlu
Zuiver	Saf

Bloemen
Çiçekler

Bloemblad	Yaprak
Boeket	Buket
Gardenia	Gardenya
Hibiscus	Ebegümeci
Jasmijn	Yasemin
Klaver	Yonca
Lavendel	Lavanta
Lelie	Zambak
Madeliefje	Papatya
Magnolia	Manolya
Narcis	Nergis
Orchidee	Orkide
Paardebloem	Karahindiba
Papaver	Haşhaş
Passiebloem	Çarkifelek
Pioenroos	Şakayik
Plumeria	Plumeria
Roos	Gül
Tulp	Lale
Zonnebloem	Ayçiçeği

Boeken
Kitaplar

Auteur	Yazar
Avontuur	Macera
Bladzijde	Sayfa
Collectie	Koleksiyon
Context	Bağlam
Dualiteit	İkilik
Episch	Destan
Geschreven	Yazili
Historisch	Tarih
Humoristisch	Mizahi
Inventief	Yaratici
Karakter	Karakter
Lezer	Okuyucu
Literair	Edebî
Poëzie	Şiir
Relevant	İlgili
Roman	Roman
Tragisch	Trajik
Verhaal	Öykü
Verteller	Anlatici

Boerderij #1
Çiftlik #1

Bij	Ari
Ezel	Eşek
Geit	Keçi
Hek	Çit
Hond	Köpek
Honing	Bal
Hooi	Saman
Kalf	Buzaği
Kat	Kedi
Kip	Tavuk
Koe	İnek
Kraai	Karga
Kudde	Sürü
Landbouw	Tarim
Mest	Gübre
Paard	At
Rijst	Pirinç
Veld	Alan
Water	Su
Zaden	Tohum

Boerderij #2
Çiftlik #2

Bijenkorf	Kovan
Boer	Çiftçi
Boomgaard	Bahçe
Dieren	Hayvanlar
Eend	Ördek
Fruit	Meyve
Gerst	Arpa
Groente	Sebze
Herder	Çoban
Irrigatie	Sulama
Lam	Kuzu
Lama	Lama
Maïs	Misir
Melk	Süt
Schaap	Koyun
Schuur	Ahir
Tarwe	Buğday
Tractor	Traktör
Voedsel	Gida
Weide	Çayir

Boten
Tekneler

Anker	Çapa
Bemanning	Mürettebat
Boei	Şamandira
Dok	Dok
Golven	Dalgalar
Jacht	Yat
Kano	Kano
Maritiem	Denizcilik
Mast	Direk
Matroos	Denizci
Meer	Göl
Motor	Motor
Nautisch	Deniz
Oceaan	Okyanus
Rivier	Nehir
Touw	Ip
Veerboot	Feribot
Vlot	Sal
Zee	Deniz
Zeilboot	Yelkenli

Camping
Kamp Yapmak

Avontuur	Macera
Berg	Dağ
Bomen	Ağaçlar
Bos	Orman
Brand	Ateş
Cabine	Kabin
Dieren	Hayvanlar
Hangmat	Hamak
Hoed	Şapka
Insect	Böcek
Jacht	Avcilik
Kaart	Harita
Kano	Kano
Kompas	Pusula
Lantaarn	Fener
Maan	Ay
Meer	Göl
Natuur	Doğa
Tent	Çadir
Touw	Ip

Chocolade
Çikolatalı

Antioxidant	Antioksidan
Aroma	Aroma
Artisanaal	Zanaat
Bitter	Aci
Cacao	Kakao
Calorieën	Kalori
Eten	Yemek
Exotisch	Egzotik
Favoriet	Favori
Heerlijk	Lezzetli
Ingrediënt	Içerik
Karamel	Karamel
Kwaliteit	Kalite
Poeder	Toz
Smaak	Lezzet
Suiker	Şeker
Verlangen	Özlem
Zoet	Tatli

Circus
Sirk

Aap	Maymun
Acrobaat	Akrobat
Ballonnen	Balonlar
Clown	Palyaço
Dieren	Hayvanlar
Goochelaar	Sihirbaz
Jongleur	Hokkabaz
Kaartje	Bilet
Kostuum	Kostüm
Leeuw	Aslan
Magie	Sihir
Muziek	Müzik
Olifant	Fil
Parade	Alay
Snoep	Şeker
Spectaculair	Muhteşem
Tent	Çadir
Tijger	Kaplan
Toeschouwer	Seyirci
Truc	Hile

Dagen en Maanden
Günler ve Aylar

Augustus	Ağustos
Dinsdag	Sali
Donderdag	Perşembe
Februari	Şubat
Jaar	Yil
Januari	Ocak
Juli	Temmuz
Juni	Haziran
Kalender	Takvim
Maand	Ay
Maandag	Pazartesi
Maart	Mart
November	Kasim
Oktober	Ekim
September	Eylül
Vrijdag	Cuma
Wook	Hafta
Woensdag	Çarşamba
Zaterdag	Cumartesi
Zondag	Pazar

Dans
Dans

Academie	Akademi
Beweging	Hareket
Blij	Neşeli
Choreografie	Koreografi
Cultureel	Kültürel
Cultuur	Kültür
Emotie	Duygu
Expressief	Anlamli
Genade	Lütuf
Houding	Duruş
Klassiek	Klasik
Kunst	Sanat
Lichaam	Vücut
Muziek	Müzik
Partner	Ortak
Repetitie	Prova
Ritme	Ritim
Traditioneel	Geleneksel
Visueel	Görsel

Dinosaurussen
Dinozorlar

Aarde	Toprak
Enorm	Devasa
Evolutie	Evrim
Fossielen	Fosiller
Groot	Büyük
Grootte	Boyut
Herbivoor	Otçul
Krachtig	Güçlü
Mammoet	Mamut
Omnivoor	Omnivore
Prehistorisch	Prehistorik
Prooi	Av
Reptiel	Sürüngen
Staart	Kuyruk
Verdwijning	Kaybolma
Vicieuze	Kötü
Vleugels	Kanatlar

Ecologie
Ekoloji

Bergen	Dağlar
Diversiteit	Çeşitlilik
Droogte	Kuraklik
Fauna	Fauna
Flora	Flora
Gemeenschappen	Topluluk
Globaal	Küresel
Klimaat	Iklim
Marinier	Deniz
Moeras	Bataklik
Natuur	Doğa
Natuurlijk	Doğal
Overleving	Beka
Planten	Bitkiler
Vegetatie	Bitki Örtüsü
Vrijwilligers	Gönüllü

Emoties
Duygular

Angst	Korku
Dankbaar	Minnettar
Droefheid	Üzüntü
Gelukzaligheid	Mutluluk
Kalm	Sakin
Liefde	Aşk
Ontspannen	Rahat
Opgewonden	Heyecanli
Opluchting	Rahatlama
Rust	Huzur
Sympathie	Sempati
Tederheid	Hassasiyet
Tevreden	Memnun
Verrassing	Sürpriz
Verveling	Sikinti
Vrede	Bariş
Vreugde	Sevinç
Vriendelijkheid	Nezaket
Woede	Öfke

Eten #1
Yemek #1

Aardbei	Çilek
Abrikoos	Kayisi
Basilicum	Fesleğen
Citroen	Limon
Gerst	Arpa
Kaneel	Tarçin
Knoflook	Sarimsak
Melk	Süt
Peer	Armut
Pinda	Fistik
Salade	Salata
Sap	Meyve Suyu
Soep	Çorba
Spinazie	Ispanak
Suiker	Şeker
Tonijn	Balik
Ui	Soğan
Vlees	Et
Wortel	Havuç
Zout	Tuz

Eten #2
Yemek #2

Amandel	Badem
Ananas	Ananas
Appel	Elma
Asperge	Kuşkonmaz
Aubergine	Patlican
Banaan	Muz
Broccoli	Brokoli
Brood	Ekmek
Druif	Üzüm
Ei	Yumurta
Ham	Jambon
Kaas	Peynir
Kip	Tavuk
Kiwi	Kivi
Perzik	Şeftali
Rijst	Pirinç
Tarwe	Buğday
Tomaat	Domates
Vis	Balik
Yoghurt	Yoğurt

Exploratie
Keşif

Bepaling	Kararlilik
Culturen	Kültürler
Dieren	Hayvanlar
Gevaren	Tehlikeler
Leren	Öğrenmek
Moed	Cesaret
Nieuw	Yeni
Onbekend	Bilinmeyen
Ontdekking	Keşif
Opwinding	Heyecan
Reis	Seyahat Etmek
Ruimte	Uzay
Taal	Dil
Uitputting	Yorgunluk
Ver	Uzak
Wild	Vahşi

Familie
Aile

Broer	Erkek Kardeş
Dochter	Kiz Evlat
Grootmoeder	Büyükanne
Jeugd	Çocukluk
Kind	Çocuk
Kinderen	Çocuklar
Kleinkind	Torun
Kleinzoon	Erkek Torun
Man	Koca
Moeder	Anne
Neef	Erkek Yeğen
Nicht	Yeğen
Oom	Amca
Opa	Büyük Baba
Tante	Teyze
Tweeling	İkizler
Vader	Baba
Voorouder	Ata
Vrouw	Kadin Eş
Zus	Kiz Kardeş

Fruit
Meyve

Abrikoos	Kayisi
Ananas	Ananas
Appel	Elma
Avocado	Avokado
Banaan	Muz
Bes	Dut
Citroen	Limon
Druif	Üzüm
Framboos	Ahududu
Kers	Kiraz
Kiwi	Kivi
Mango	Mango
Meloen	Kavun
Nectarine	Nektar
Oranje	Turuncu
Papaja	Papaya
Peer	Armut
Perzik	Şeftali
Pruim	Erik
Vijg	İncir

Gebouwen
Site

Ambassade	Elçilik
Appartement	Apartman
Bioscoop	Sinema
Boerderij	Çiftlik
Cabine	Kabin
Fabriek	Fabrika
Hotel	Otel
Kasteel	Kale
Laboratorium	Laboratuvar
Museum	Müze
Observatorium	Rasathane
School	Okul
Schuur	Ahir
Stadion	Stadyum
Supermarkt	Süpermarket
Tent	Çadir
Theater	Tiyatro
Toren	Kule
Universiteit	Üniversite
Ziekenhuis	Hastane

Geografie
Coğrafya

Atlas	Atlas
Berg	Dağ
Breedtegraad	Enlem
Continent	Kita
Eiland	Ada
Evenaar	Ekvator
Halfrond	Yarimküre
Hoogte	Rakim
Kaart	Harita
Land	Ülke
Meridiaan	Meridyen
Noorden	Kuzey
Oceaan	Okyanus
Regio	Bölge
Rivier	Nehir
Stad	Kent
Wereld	Dünya
Westen	Bati
Zee	Deniz
Zuiden	Güney

Geologie
Jeoloji

Aardbeving	Deprem
Calcium	Kalsiyum
Continent	Kita
Erosie	Erozyon
Fossiel	Fosil
Geiser	Gayzer
Gesmolten	Dökme
Grot	Mağara
Koraal	Mercan
Kristallen	Kristaller
Kwarts	Kuvars
Laag	Katman
Lava	Lav
Plateau	Yayla
Stalactiet	Sarkit
Steen	Taş
Vulkaan	Volkan
Zone	Bölge
Zout	Tuz
Zuur	Asit

Getallen
Şiir

Acht	Sekiz
Achttien	Onsekiz
Dertien	On Üç
Drie	Üç
Een	Bir
Negen	Dokuz
Negentien	On Dokuz
Nul	Sifir
Tien	On
Twaalf	On Iki
Twee	2
Twintig	Yirmi
Veertien	On Dört
Vier	Dört
Vijf	Beş
Wiskunde	Matematik
Zes	Alti
Zestien	On Alti
Zeven	Yedi
Zeventien	On Yedi

Groenten
Sebzeler

Aardappel	Patates
Artisjok	Enginar
Aubergine	Patlican
Broccoli	Brokoli
Erwt	Bezelye
Gember	Zencefil
Knoflook	Sarimsak
Komkommer	Salatalik
Olijf	Zeytin
Paddestoel	Mantar
Peterselie	Maydanoz
Pompoen	Kabak
Raap	Şalgam
Radijs	Turp
Salade	Salata
Selderij	Kereviz
Spinazie	Ispanak
Tomaat	Domates
Ui	Soğan
Wortel	Havuç

Haartypes
Saç Tipleri

Blond	Sarişin
Bruin	Kahverengi
Dik	Kalin
Droog	Kuru
Dun	Ince
Gekleurd	Renkli
Gevlochten	Örgülü
Gezond	Sağlikli
Glad	Düz
Glimmend	Parlak
Golvend	Dalgali
Grijs	Gri
Kaal	Kel
Kort	Kisa
Krullend	Kivircik
Lang	Uzun
Wit	Beyaz
Zacht	Yumuşak
Zilver	Gümüş
Zwart	Siyah

Herbalisme
Bitkicilik

Aromatisch	Aromatik
Basilicum	Fesleğen
Bloem	Çiçek
Culinair	Mutfak
Dille	Dereotu
Dragon	Tarhun
Groen	Yeşil
Ingrediënt	Içerik
Knoflook	Sarimsak
Koriander	Kişniş
Kwaliteit	Kalite
Lavendel	Lavanta
Marjolein	Mercanköşk
Peterselie	Maydanoz
Rozemarijn	Biberiye
Saffraan	Safran
Smaak	Lezzet
Tijm	Kekik
Tuin	Bahçe
Venkel	Rezene

Huis
Ev

Bezem	Süpürge
Bibliotheek	Kütüphane
Dak	Çati
Deur	Kapi
Douche	Duş
Garage	Garaj
Haard	Şömine
Hek	Çit
Kamer	Oda
Kelder	Bodrum
Keuken	Mutfak
Lamp	Lamba
Meubilair	Mobilya
Muur	Duvar
Plafond	Tavan
Schoorsteen	Baca
Slaapkamer	Yatak Odasi
Spiegel	Ayna
Tapijt	Kilim
Tuin	Bahçe

Huisdieren
Evcil Hayvan

Dierenarts	Veteriner
Geit	Keçi
Hagedis	Kertenkele
Hamster	Hamster
Hond	Köpek
Kat	Kedi
Katje	Kedi Yavrusu
Klauwen	Pençeler
Koe	İnek
Konijn	Tavşan
Kraag	Yaka
Muis	Fare
Papegaai	Papağan
Poten	Pençe
Puppy	Köpek Yavrusu
Schildpad	Kaplumbağa
Staart	Kuyruk
Vis	Balik
Voedsel	Gida
Water	Su

Hulpmiddelen
Araçlar

Bijl	Balta
Fakkel	Meşale
Hamer	Çekiç
Heerser	Cetvel
Kabel	Kablo
Ladder	Merdiven
Lijm	Tutkal
Mes	Biçak
Nietmachine	Zimba
Schaar	Makas
Scheermes	Jilet
Schop	Kürek
Schroef	Vida
Tang	Pense
Touw	Ip
Wiel	Tekerlek

Insecten
Böcekler

Bidsprinkhaan	Mantis
Bij	Ari
Bladluis	Yaprakdid
Cicade	Ağustosböceği
Kever	Böcek
Larve	Larva
Libel	Yusufçuk
Mier	Karinca
Mot	Güve
Mug	Sivrisinek
Sprinkhaan	Çekirge
Termiet	Termit
Vlinder	Kelebek
Vlo	Pire
Wesp	Yaban Arisi
Worm	Solucan

Installaties
Bitkiler

Bamboe	Bambu
Bes	Dut
Blad	Yaprak
Bloem	Çiçek
Boom	Ağaç
Boon	Fasulye
Bos	Orman
Cactus	Kaktüs
Flora	Flora
Gebladerte	Yeşillik
Gras	Çimen
Klimop	Sarmaşik
Kruid	Ot
Mest	Gübre
Mos	Yosun
Plantkunde	Botanik
Struik	Çali
Tuin	Bahçe
Vegetatie	Bitki Örtüsü
Wortel	Kök

Kampioenschap
Şampiyonluk

Finalist	Finalist
Games	Oyunlar
Kampioen	Şampiyon
Liga	Lig
Medaille	Madalya
Motivatie	Motivasyon
Prestatie	Performans
Rechter	Yargiç
Sport	Spor
Strategie	Strateji
Team	Takim
Toernooi	Turnuva
Trainer	Koç
Transpiratie	Terleme
Zege	Zafer

Kastelen
Kaleler

Draak	Ejderha
Dynastie	Hanedan
Edele	Asil
Feodaal	Feodal
Fort	Kale
Harnas	Zirh
Katapult	Mancinik
Kerker	Zindan
Koninkrijk	Krallik
Kroon	Taç
Muur	Duvar
Paard	At
Paleis	Saray
Prins	Prens
Prinses	Prenses
Ridder	Şövalye
Rijk	Imparatorluk
Schild	Kalkan
Toren	Kule
Zwaard	Kiliç

Katten
Kediler

Bont	Kürk
Garen	Iplik
Gek	Deli
Jager	Avci
Klein	Küçük
Muis	Fare
Nieuwsgierig	Merakli
Onafhankelijk	Bağimsiz
Persoonlijkheid	Kişilik
Poot	Pençe
Slaap	Uyku
Snel	Hizli
Staart	Kuyruk
Verlegen	Utangaç
Wild	Vahşi

Keuken
Mutfak

Cup	Bardak
Eten	Yemek
Grill	Izgara
Ketel	Kazan
Koelkast	Buzdolabi
Kom	Tas
Kruik	Sürahi
Lepels	Kaşik
Messen	Biçak
Oven	Firin
Pollepel	Kepçe
Pot	Kavanoz
Schort	Önlük
Servet	Peçete
Specerijen	Baharat
Spons	Sünger
Voedsel	Gida
Vorken	Çatallar
Vriezer	Dondurucu

Kleding
Giyim

Armband	Bilezik
Blouse	Bluz
Broek	Pantolon
Handschoenen	Eldivenler
Hoed	Şapka
Jasje	Ceket
Jeans	Kot
Jurk	Elbise
Ketting	Kolye
Mode	Moda
Pyjama	Pijama
Riem	Kemer
Rok	Etek
Sandalen	Sandalet
Schoen	Ayakkabi
Schort	Önlük
Shirt	Gömlek
Sjaal	Eşarp
Sokken	Çorap
Trui	Kazak

Kleuren
Renk

Beige	Bej
Blauw	Mavi
Bruin	Kahverengi
Cyaan	Camgöbeği
Fuchsia	Fuşya
Geel	Sari
Grijs	Gri
Groen	Yeşil
Oranje	Turuncu
Paars	Mor
Rood	Kirmizi
Roze	Pembe
Sepia	Sepya
Wit	Beyaz
Zwart	Siyah

Klimmen
Tırmanmak

Atmosfeer	Atmosfer
Deskundige	Uzman
Grot	Mağara
Handschoenen	Eldivenler
Helm	Kask
Hoogte	Rakim
Kaart	Harita
Kracht	Kuvvet
Letsel	Yaralanma
Nieuwsgierigheid	Merak
Opleiding	Eğitim
Smal	Dar
Stabiliteit	Sebat
Uitdagingen	Zorluklar
Wandelen	Yürüyüş

Komedie
Komedi

Acteur	Aktör
Actrice	Aktris
Applaus	Alkiş
Clowns	Palyaçolar
Expressief	Anlamli
Gelach	Kahkaha
Genre	Tür
Grappen	Şakalar
Humor	Mizah
Improvisatie	Doğaçlama
Parodie	Parodi
Plezier	Eğlence
Publiek	Seyirci
Televisie	Televizyon
Theater	Tiyatro

Kunstbenodigdheden
Sanat Malzemeleri

Acryl	Akrilik
Aquarellen	Suluboya
Borstels	Firçalar
Camera	Kamera
Creativiteit	Yaraticilik
Ezel	Şövale
Gom	Silgi
Ideeën	Fikirler
Inkt	Mürekkep
Klei	Kil
Kleuren	Renk
Lijm	Tutkal
Olie	Yağ
Papier	Kâğit
Pastel	Pastel
Potloden	Kalemler
Stoel	Sandalye
Tafel	Masa
Water	Su

Landen #2
Ülkeler #2

Denemarken	Danimarka
Ethiopië	Etiyopya
Frankrijk	Fransa
Griekenland	Yunanistan
Ierland	İrlanda
Indonesië	Endonezya
Japan	Japonya
Kenia	Kenya
Laos	Laos
Libanon	Lübnan
Liberia	Liberya
Maleisië	Malezya
Mexico	Meksika
Nepal	Nepal
Nigeria	Nijerya
Oeganda	Uganda
Oekraïne	Ukrayna
Rusland	Rusya
Somalië	Somali
Syrië	Suriye

Landschappen
Manzaralar

Berg	Dağ
Eiland	Ada
Geiser	Gayzer
Gletsjer	Buzul
Grot	Mağara
Heuvel	Tepe
IJsberg	Buzdağı
Meer	Göl
Moeras	Bataklik
Oase	Vaha
Oceaan	Okyanus
Rivier	Nehir
Schiereiland	Yarimada
Strand	Plaj
Toendra	Tundra
Vallei	Vadi
Vulkaan	Volkan
Waterval	Şelale
Woestijn	Çöl
Zee	Deniz

Literatuur
Edebiyat

Analogie	Analoji
Analyse	Analiz
Anekdote	Anekdot
Auteur	Yazar
Biografie	Biyografi
Conclusie	Sonuç
Dialoog	Diyalog
Fictie	Kurgu
Gedicht	Şiir
Mening	Görüş
Metafoor	Mecaz
Poëtisch	Şiirsel
Rijm	Kafiye
Ritme	Ritim
Roman	Roman
Stijl	Tarz
Thema	Tema
Tragedie	Trajedi
Vergelijking	Karşilaştirma
Verteller	Anlatici

Meditatie
Meditasyon

Aanvaarding	Kabul
Ademhaling	Nefes Alma
Beweging	Hareket
Dankbaarheid	Minnettarlik
Emoties	Duygular
Gedachten	Düşünceler
Geluk	Mutluluk
Helderheid	Açiklik
Houding	Duruş
Kalm	Sakin
Mededogen	Merhamet
Mentaal	Zihinsel
Muziek	Müzik
Natuur	Doğa
Observatie	Gözlem
Perspectief	Perspektif
Stilte	Sessizlik
Vrede	Bariş
Vriendelijkheid	Nezaket
Wakker	Uyanik

Meer Informatie
Bilim Kurgu

Bioscoop	Sinema
Boeken	Kitaplar
Brand	Ateş
Denkbeeldig	Hayali
Explosie	Patlama
Extreem	Aşiri
Fantastisch	Fantastik
Futuristisch	Fütüristik
Illusie	Yanilsama
Klonen	Klonlar
Mysterieus	Gizemli
Orakel	Kehanet
Planeet	Gezegen
Realistisch	Gerçekçi
Robots	Robotlar
Scenario	Senaryo
Sterrenstelsel	Gökada
Technologie	Teknoloji
Utopie	Ütopya
Wereld	Dünya

Menselijk Lichaam
İnsan Vücudu

Been	Bacak
Bloed	Kan
Elleboog	Dirsek
Enkel	Ayak Bileği
Hand	El
Hart	Kalp
Hersenen	Beyin
Hoofd	Baş
Huid	Cilt
Kin	Çene
Knie	Diz
Maag	Mide
Mond	Ağiz
Nek	Boyun
Neus	Burun
Oog	Göz
Oor	Kulak
Schouder	Omuz
Tong	Dil
Vinger	Parmak

Metingen
Ölçümler

Breedte	Genişlik
Byte	Bayt
Centimeter	Santimetre
Decimaal	Ondalik
Diepte	Derinlik
Gewicht	Ağirlik
Gram	Gram
Hoogte	Yükseklik
Inch	İnç
Kilogram	Kilogram
Kilometer	Kilometre
Lengte	Uzunluk
Liter	Litre
Massa	Kitle
Meter	Metre
Minuut	Dakika
Ons	Ons
Pint	Pint
Ton	Ton
Volume	Hacim

Muziekinstrumenten
Enstrüman

Banjo	Banço
Cello	Çello
Fagot	Fagot
Fluit	Flüt
Gitaar	Gitar
Gong	Gong
Harp	Arp
Hobo	Obua
Klarinet	Klarnet
Mandoline	Mandolin
Marimba	Marimba
Percussie	Vurma
Piano	Piyano
Saxofoon	Saksafon
Tamboerijn	Tef
Trombone	Trombon
Trommel	Davul
Trompet	Trompet
Viool	Keman

Mythologie
Mitoloji

Archetype	Numune
Bliksem	Yildirim
Creatie	Yaratiliş
Cultuur	Kültür
Donder	Gök Gürültüsü
Doolhof	Labirent
Gedrag	Davraniş
Held	Kahraman
Hemel	Cennet
Jaloezie	Kiskançlik
Kracht	Kuvvet
Krijger	Savaşçi
Legende	Efsane
Magisch	Büyülü
Monster	Canavar
Onsterfelijkheid	Ölümsüzlük
Ramp	Felaket
Sterfelijk	Ölümlü
Wezen	Yaratik
Wraak	Intikam

Natuur
Doğa

Arctisch	Arktik
Bergen	Dağlar
Bijen	Arlar
Bos	Orman
Dieren	Hayvanlar
Dynamisch	Dinamik
Erosie	Erozyon
Gebladerte	Yeşillik
Gletsjer	Buzul
Heiligdom	Barinak
Mist	Sis
Rivier	Nehir
Rustig	Huzurlu
Schoonheid	Güzellik
Sereen	Sakin
Tropisch	Tropikal
Vitaal	Hayati
Wild	Vahşi
Woestijn	Çöl
Wolken	Bulutlar

Oceaan
Okyanus

Aal	Yilan Baliği
Algen	Yosun
Boot	Bot
Dolfijn	Yunus
Garnaal	Karides
Getijden	Gelgit
Golven	Dalgalar
Haai	Köpekbaliği
Koraal	Mercan
Krab	Yengeç
Kwal	Denizanasi
Octopus	Ahtapot
Oester	İstiridye
Rif	Resif
Schildpad	Kaplumbağa
Spons	Sünger
Storm	Firtina
Vis	Balik
Walvis	Balina
Zout	Tuz

Om in te Vullen
Doldurmak

Bekken	Havza
Buis	Tüp
Dienblad	Tepsi
Doos	Kutu
Emmer	Kova
Envelop	Zarf
Fles	Şişe
Karton	Karton
Koffer	Bavul
Krat	Sandik
Lade	Çekmece
Mand	Sepet
Map	Klasör
Pakje	Paket
Pot	Kavanoz
Vaas	Vazo
Vat	Fiçi
Zak	Çanta

Piraten
Korsanlar

Anker	Çapa
Avontuur	Macera
Bemanning	Mürettebat
Eiland	Ada
Gevaar	Tehlike
Goud	Altın
Grot	Mağara
Kaart	Harita
Kapitein	Kaptan
Kompas	Pusula
Legende	Efsane
Litteken	Yara İzi
Oceaan	Okyanus
Papegaai	Papağan
Rum	Rom
Schat	Hazine
Slecht	Kötü
Strand	Plaj
Vlag	Bayrak
Zwaard	Kılıç

Regenwoud
Yağmur Ormanları

Behoud	Koruma
Botanisch	Botanik
Diversiteit	Çeşitlilik
Gemeenschap	Topluluk
Insecten	Böcekler
Jungle	Orman
Klimaat	İklim
Mos	Yosun
Natuur	Doğa
Overleving	Beka
Respect	Saygı
Restauratie	Restorasyon
Toevlucht	Sığınak
Vogels	Kuşlar
Waardevol	Değerli
Wolken	Bulutlar
Zoogdieren	Memeliler

Restaurant #1
1 Numaralı Restoran

Allergie	Alerji
Bord	Tabak
Brood	Ekmek
Eten	Yemek
Keuken	Mutfak
Kip	Tavuk
Koffie	Kahve
Kom	Tas
Menu	Menü
Mes	Bıçak
Pittig	Baharatlı
Reservering	Rezervasyon
Saus	Sos
Serveerster	Bayan Garson
Servet	Peçete
Toetje	Tatlı
Vlees	Et
Voedsel	Gıda

Restaurant #2
Restoran #2

Cake	Kek
Eieren	Yumurta
Fruit	Meyve
Groente	Sebzeler
Heerlijk	Lezzetli
Ijs	Buz
Lepel	Kaşık
Noedels	Erişte
Ober	Garson
Salade	Salata
Soep	Çorba
Specerijen	Baharat
Stoel	Sandalye
Vis	Balık
Voorgerecht	Meze
Vork	Çatal
Water	Su
Zout	Tuz

Rijden
Sürüş

Auto	Araba
Brandstof	Yakıt
Garage	Garaj
Gas	Gaz
Gevaar	Tehlike
Kaart	Harita
Licentie	Lisans
Motor	Motor
Motorfiets	Motosiklet
Ongeluk	Kaza
Politie	Polis
Remmen	Frenler
Snelheid	Hız
Straat	Sokak
Tunnel	Tünel
Veiligheid	Emniyet
Verkeer	Trafik
Voetganger	Yaya
Vrachtauto	Kamyon
Weg	Yol

Schaken
Satranç

Diagonaal	Çapraz
Kampioen	Şampiyon
Koning	Kral
Koningin	Kraliçe
Leren	Öğrenmek
Offer	Kurban
Passief	Pasif
Reglement	Tüzük
Spel	Oyun
Speler	Oyuncu
Strategie	Strateji
Tegenstander	Rakip
Tijd	Zaman
Toernooi	Turnuva
Uitdagingen	Zorluklar
Wedstrijd	Yarışma
Wit	Beyaz
Zwart	Siyah

School #1
Okul #1

Alfabet	Alfabe
Antwoorden	Cevap
Bibliotheek	Kütüphane
Boeken	Kitaplar
Bureau	Masa
Cijfers	Sayilar
Examens	Sinav
Klaslokaal	Sinif
Leraar	Öğretmen
Leren	Öğrenmek
Mappen	Klasör
Papier	Kâğit
Pennen	Kalemler
Plezier	Eğlence
Potlood	Kalem
Schrijven	Yazmak
Stoel	Sandalye
Vrienden	Arkadaşlar
Wiskunde	Matematik

School #2
Okul #2

Academisch	Akademik
Bibliotheek	Kütüphane
Bus	Otobüs
Computer	Bilgisayar
Grammatica	Dilbilgisi
Huiswerk	Ödev
Kalender	Takvim
Leraar	Öğretmen
Literatuur	Edebiyat
Onderwijs	Eğitim
Papier	Kâğit
Pennen	Kalemler
Potlood	Kalem
Rugzak	Sirt Çantasi
Schaar	Makas
Schoenen	Ayakkabi
Weekend	Hafta Sonu
Wetenschap	Bilim
Wiskunde	Matematik
Woordenboek	Sözlük

Specerijen
Baharat

Anijs	Anason
Bitter	Aci
Fenegriek	Çemen
Gember	Zencefil
Kaneel	Tarçin
Kardemom	Kakule
Kerrie	Köri
Knoflook	Sarimsak
Komijn	Kimyon
Koriander	Kişniş
Kruidnagel	Karanfil
Nootmuskaat	Ceviz
Paprika	Kirmizi Biber
Saffraan	Safran
Smaak	Lezzet
Ui	Soğan
Vanille	Vanilya
Venkel	Rezene
Zoet	Tatli
Zout	Tuz

Speelgoed
Oyuncaklar

Auto	Araba
Bal	Top
Boeken	Kitaplar
Boot	Bot
Drums	Davul
Favoriet	Favori
Fiets	Bisiklet
Games	Oyunlar
Klei	Kil
Pop	Oyuncak Bebek
Puzzel	Bulmaca
Robot	Robot
Schaak	Satranç
Trein	Tren
Verbeelding	Hayal Gücü
Vlieger	Uçurtma
Vliegtuig	Uçak
Vrachtauto	Kamyon

Sport
Spor

Atleet	Atlet
Basketbal	Basketbol
Beweging	Hareket
Fiets	Bisiklet
Golf	Golf
Gymnasium	Salon
Gymnastiek	Jimnastik
Hockey	Hokey
Honkbal	Beyzbol
Kampioenschap	Şampiyon
Scheidsrechter	Hakem
Spel	Oyun
Speler	Oyuncu
Stadion	Stadyum
Team	Takim
Tennis	Tenis
Trainer	Koç
Winnaar	Kazanan

Stad
Kasaba

Apotheek	Eczane
Bakkerij	Firin
Bank	Banka
Bibliotheek	Kütüphane
Bioscoop	Sinema
Bloemist	Çiçekçi
Boekhandel	Kitapçi
Galerij	Galeri
Hotel	Otel
Kliniek	Klinik
Luchthaven	Havalimani
Markt	Pazar
Museum	Müze
Restaurant	Restoran
School	Okul
Stadion	Stadyum
Supermarkt	Süpermarket
Theater	Tiyatro
Universiteit	Üniversite
Winkel	Mağaza

Strand
Plaj

Blauw	Mavi
Boot	Bot
Dok	Dok
Eiland	Ada
Handdoek	Havlu
Krab	Yengeç
Kust	Sahil
Lagune	Lagün
Oceaan	Okyanus
Paraplu	Şemsiye
Rif	Resif
Sandalen	Sandalet
Vakantie	Tatil
Zand	Kum
Zee	Deniz
Zeilboot	Yelkenli
Zon	Güneş

Surfen
Sörf Yapmak

Atleet	Atlet
Beginner	Acemi
Extreem	Aşiri
Golf	Dalga
Kampioen	Şampiyon
Kracht	Kuvvet
Maag	Mide
Oceaan	Okyanus
Plezier	Eğlence
Populair	Popüler
Rif	Resif
Schuim	Köpük
Snelheid	Hiz
Spray	Sprey
Stijl	Tarz
Strand	Plaj
Weer	Hava

Technologie
Teknoloji

Bericht	Mesaj
Bestand	Dosya
Blog	Blog
Browser	Tarayici
Bytes	Bayt
Camera	Kamera
Computer	Bilgisayar
Cursor	İmleç
Digitaal	Dijital
Gegevens	Veri
Internet	İnternet
Onderzoek	Araştirma
Scherm	Ekran
Software	Yazilim
Statistiek	İstatistik
Veiligheid	Güvenlik
Virtueel	Sanal
Virus	Virüs

Tijd
Zaman

Dag	Gün
Decennium	On Yil
Eeuw	Yüzyil
Gisteren	Dün
Jaar	Yil
Jaarlijks	Yillik
Kalender	Takvim
Maand	Ay
Middag	Öğle
Minuut	Dakika
Morgen	Yarin
Na	Sonra
Nacht	Gece
Nu	Şimdi
Ochtend	Sabah
Toekomst	Gelecek
Uur	Saat
Vandaag	Bugün
Vroeg	Erken
Week	Hafta

Tuin
Bahçe

Bank	Bank
Bloem	Çiçek
Bodem	Toprak
Boom	Ağaç
Garage	Garaj
Gras	Çimen
Hangmat	Hamak
Hark	Tirmik
Hek	Çit
Onkruid	Otlar
Schop	Kürek
Slang	Hortum
Struik	Çali
Terras	Teras
Trampoline	Trambolin
Tuin	Bahçe
Veranda	Veranda
Vijver	Gölet
Wijnstok	Asma

Vakantie #1
Tatil #1

Auto	Araba
Douane	Gümrük
Expeditie	Sefer
Kaartje	Bilet
Koffer	Bavul
Meer	Göl
Museum	Müze
Ontspanning	Rahatlama
Paraplu	Şemsiye
Reisplan	Güzergah
Rugzak	Sirt Çantasi
Toerist	Turist
Tram	Tramvay
Valuta	Para Birimi
Vertrek	Kalkiş
Vliegtuig	Uçak

Vakantie #2
Tatil #2

Bergen	Dağlar
Bestemming	Hedef
Buitenlander	Yabanci
Eiland	Ada
Foto'S	Fotoğraflar
Hotel	Otel
Kaart	Harita
Luchthaven	Havalimani
Paspoort	Pasaport
Reis	Seyahat
Restaurant	Restoran
Strand	Plaj
Taxi	Taksi
Tent	Çadir
Trein	Tren
Vervoer	Taşimacilik
Visum	Vize
Vrije Tijd	Boş
Zee	Deniz

Verjaardag
Doğum Günü

Blij	Neşeli
Cake	Kek
Dag	Gün
Geboren	Doğmuş
Gelukkig	Mutlu
Geschenk	Hediye
Jaar	Yil
Jong	Genç
Kaarsen	Mumlar
Kaarten	Kart
Kalender	Takvim
Leren	Öğrenmek
Lied	Şarki
Partij	Taraf
Plezier	Eğlence
Speciaal	Özel
Tijd	Zaman
Viering	Kutlama
Vrienden	Arkadaşlar
Wijsheid	Bilgelik

Vissen
Balık Tutma

Aas	Yem
Boot	Bot
Draad	Tel
Geduld	Sabir
Gewicht	Ağirlik
Haak	Kanca
Kaak	Çene
Kieuwen	Solungaçlar
Mand	Sepet
Meer	Göl
Oceaan	Okyanus
Overdrijving	Abarti
Rivier	Nehir
Seizoen	Sezon
Strand	Plaj
Water	Su

Vliegtuigen
Uçaklar

Afdaling	Iniş
Atmosfeer	Atmosfer
Avontuur	Macera
Ballon	Balon
Bemanning	Mürettebat
Bouw	Yapi
Brandstof	Yakit
Geschiedenis	Tarih
Hemel	Gökyüzü
Hoogte	Yükseklik
Lanceren	Başlatmak
Lucht	Hava
Motor	Motor
Ontwerp	Tasarim
Passagier	Yolcu
Piloot	Pilot
Propellers	Pervane
Richting	Yön
Turbulentie	Türbülans
Waterstof	Hidrojen

Voeding
Beslenme

Bitter	Aci
Calorieën	Kalori
Dieet	Diyet
Eetbaar	Yenilebilir
Eetlust	Iştah
Eiwitten	Protein
Evenwichtig	Dengeli
Fermentatie	Fermantasyon
Gewicht	Ağirlik
Gezond	Sağlikli
Gezondheid	Sağlik
Kwaliteit	Kalite
Saus	Sos
Smaak	Lezzet
Specerijen	Baharat
Spijsvertering	Sindirim
Toxine	Toksin
Vitamine	Vitamini
Vloeistoffen	Sivilar
Voedingsstof	Besin

Voertuigen
Araçlar

Ambulance	Ambulans
Auto	Araba
Banden	Lastikler
Bestelwagen	Van
Boot	Bot
Bus	Otobüs
Caravan	Kervan
Fiets	Bisiklet
Helikopter	Helikopter
Metro	Metro
Motor	Motor
Onderzeeër	Denizalti
Raket	Roket
Taxi	Taksi
Tractor	Traktör
Trein	Tren
Veerboot	Feribot
Vliegtuig	Uçak
Vlot	Sal
Vrachtauto	Kamyon

Vogels
Kuşlar

Duif	Güvercin
Eend	Ördek
Ei	Yumurta
Flamingo	Flamingo
Gans	Kaz
Kip	Tavuk
Koekoek	Guguk
Kraai	Karga
Meeuw	Marti
Mus	Serçe
Ooievaar	Leylek
Papegaai	Papağan
Pauw	Tavus
Pelikaan	Pelikan
Pinguïn	Penguen
Reiger	Balikçil
Struisvogel	Devekuşu
Toekan	Tukan
Uil	Baykuş
Zwaan	Kuğu

Vormen
Şekilliler

Bol	Küre
Boog	Ark
Cilinder	Silindir
Cirkel	Daire
Curve	Eğri
Driehoek	Üçgen
Hoek	Köşe
Hyperbool	Hiperbol
Kant	Yan
Kegel	Koni
Kubus	Küp
Lijn	Sira
Ovaal	Oval
Piramide	Piramit
Prisma	Prizma
Randen	Kenarlar
Rechthoek	Dikdörtgen
Ronde	Yuvarlak
Veelhoek	Çokgen
Vierkant	Kare

Wandelen
Yürüyüş

Berg	Dağ
Dieren	Hayvanlar
Gevaren	Tehlikeler
Kaart	Harita
Klif	Uçurum
Klimaat	Iklim
Moe	Yorgun
Natuur	Doğa
Oriëntatie	Oryantasyon
Parken	Parklar
Stenen	Taşlar
Top	Toplanti
Voorbereiding	Hazirlik
Water	Su
Weer	Hava
Wild	Vahşi
Zon	Güneş
Zwaar	Ağir

Water
Suçlu

Douche	Duş
Geiser	Gayzer
Golven	Dalgalar
Ijs	Buz
Irrigatie	Sulama
Kanaal	Kanal
Meer	Göl
Moesson	Muson
Oceaan	Okyanus
Orkaan	Kasirga
Overstroming	Sel
Regen	Yağmur
Rivier	Nehir
Sneeuw	Kar
Stoom	Buhar
Verdamping	Buharlaşma
Vochtigheid	Nem
Vorst	Don

Weersomstandigheden
Hava

Atmosfeer	Atmosfer
Bewolkt	Bulutlu
Bliksem	Yildirim
Donder	Gök Gürültüsü
Droog	Kuru
Droogte	Kuraklik
Hemel	Gökyüzü
Ijs	Buz
Klimaat	Iklim
Mist	Sis
Moesson	Muson
Overstroming	Sel
Polair	Kutup
Regenboog	Gökkuşaği
Storm	Firtina
Temperatuur	Sicaklik
Tornado	Kasirga
Tropisch	Tropik
Wind	Rüzgâr
Wolk	Bulut

Wetenschap
Bilim

Atoom	Atom
Chemisch	Kimyasal
Deeltjes	Parçaciklar
Evolutie	Evrim
Experiment	Deney
Feit	Gerçek
Fossiel	Fosil
Gegevens	Veri
Hypothese	Hipotez
Klimaat	Iklim
Laboratorium	Laboratuvar
Methode	Yöntem
Mineralen	Mineraller
Moleculen	Molekül
Natuur	Doğa
Natuurkunde	Fizik
Observatie	Gözlem
Organisme	Organizma
Planten	Bitkiler
Zwaartekracht	Yerçekimi

Wetenschappelijke Discip
Bilimsel Disiplinler

Anatomie	Anatomi
Archeologie	Arkeoloji
Astronomie	Astronomi
Biochemie	Biyokimya
Biologie	Biyoloji
Chemie	Kimya
Ecologie	Ekoloji
Fysiologie	Fizyoloji
Geologie	Jeoloji
Immunologie	İmmünoloji
Mechanica	Mekanik
Meteorologie	Meteoroloji
Mineralogie	Mineraloji
Neurologie	Nöroloji
Plantkunde	Botanik
Psychologie	Psikoloji
Robotica	Robotik
Sociologie	Sosyoloji
Thermodynamica	Termodinamik
Voeding	Beslenme

Wiskunde
Matematik

Bol	Küre
Decimaal	Ondalik
Diameter	Çap
Divisie	Bölüm
Driehoek	Üçgen
Exponent	Üs
Fractie	Kesir
Geometrie	Geometri
Hoeken	Açilar
Omtrek	Çevre
Parallel	Koşut
Parallellogram	Paralelkenar
Rechthoek	Dikdörtgen
Rekenkundig	Aritmetik
Som	Toplam
Symmetrie	Simetri
Veelhoek	Çokgen
Vergelijking	Denklem
Vierkant	Kare
Volume	Hacim

Zomer
Yaz

Boeken	Kitaplar
Duiken	Daliş
Familie	Aile
Games	Oyunlar
Huis	Ev
Muziek	Müzik
Ontspanning	Rahatlama
Reis	Seyahat Etmek
Sandalen	Sandalet
Strand	Plaj
Tuin	Bahçe
Vakantie	Tatil
Voedsel	Gida
Vreugde	Sevinç
Vrienden	Arkadaşlar
Vrije Tijd	Boş
Zee	Deniz

Zoogdieren
Memeliler

Aap	Maymun
Bever	Kunduz
Coyote	Çakal
Dolfijn	Yunus
Ezel	Eşek
Geit	Keçi
Giraf	Zürafa
Gorilla	Goril
Hond	Köpek
Kameel	Deve
Kangoeroe	Kanguru
Kat	Kedi
Konijn	Tavşan
Leeuw	Aslan
Olifant	Fil
Paard	At
Stier	Boğa
Vos	Tilki
Walvis	Balina
Wolf	Kurt

Gefeliciteerd

Je hebt het gehaald!

We hopen dat u net zoveel plezier beleeft aan dit boek als wij aan het maken ervan. We doen ons best om spellen van hoge kwaliteit te maken.
Deze puzzels zijn op een slimme manier ontworpen zodat je actief kunt leren terwijl je plezier hebt!

Vond je ze mooi?

Een Eenvoudig Verzoek

Onze boeken bestaan dankzij de recensies die zij publiceren.
Kunt u ons helpen door nu een mening achter te laten ?

Hier is een korte link die u naar uw
bestellingen beoordelingspagina.

BestBooksActivity.com/Recensie50

FINAAL UITDAGING!

Uitdaging nr. 1

Klaar voor uw bonusspel? We gebruiken ze de hele tijd, maar ze zijn niet zo gemakkelijk te vinden. Hier zijn **Synoniemen!**

Noteer 5 woorden die je ontdekt hebt in elk van de onderstaande puzzels (nr. 21, nr. 36, nr. 76) en probeer voor elk woord 2 synoniemen te vinden.

Notitie 5 Woorden uit *Puzzle 21*

Woorden	Synoniem 1	Synoniem 2

Notitie 5 Woorden uit *Puzzle 36*

Woorden	Synoniem 1	Synoniem 2

Notitie 5 Woorden uit *Puzzle 76*

Woorden	Synoniem 1	Synoniem 2

Uitdaging nr. 2

Nu je opgewarmd bent, noteer 5 woorden die je ontdekt hebt in elke hieronder genoteerde puzzel (nr. 9, nr. 17, nr. 25) en probeer voor elk woord 2 antoniemen te vinden. Hoeveel regels kan je doen in 20 minuten?

Notitie 5 Woorden uit **Puzzle 9**

Woorden	Antoniem 1	Antoniem 2

Notitie 5 Woorden uit **Puzzle 17**

Woorden	Antoniem 1	Antoniem 2

Notitie 5 Woorden uit **Puzzle 25**

Woorden	Antoniem 1	Antoniem 2

Uitdaging nr. 3

Prachtig, deze finaal uitdaging is makkelijk voor jou!

Klaar voor de laatste? Kies je 10 favoriete woorden die je in een van de puzzels hebt ontdekt en noteer ze hieronder.

1.	6.
2.	7.
3.	8.
4.	9.
5.	10.

De uitdaging is nu om met deze woorden en binnen een maximum van zes zinnen een tekst te schrijven over een persoon, dier of plaats waar je van houdt!

Tip: U kunt de laatste blanco pagina van dit boek als kladblaadje gebruiken!

Je schrijven:

NOTITIEBOEKJE:

TOT SNEL!

GENIET VAN GRATIS SPELLEN

GO

↓

BESTACTIVITYBOOKS.COM/FREEGAMES